우리반 금쪽이를 위한 사회정서학습

신건철 · 김익한 · 김지원 · 김한터 · 임지현 · 조수민 · 최유진

박영story

머리말

최근 수십 년을 교직에 몸담았던 선배 교사에게 10~20년 전 교직 현장과 최근의 교직 현장의 차이점을 물어보았다. 대부분이 아닌 여쭤본 모든 선배 교사는 하나같이 예전 교육 현장에 비해 요즘 교육 현장이 더 힘들어졌다고 답했다. 저출산으로 교실당 학생 수가 줄어듦에 따라 교육은 더 수월해야 하는 것이 아닌가? 교육 현장에서 교사가 느끼는 어려움이 증가하는 이유에는 업무가 많아지고 학부모의 기상천외한 민원들이 증가하는 탓도 있겠지만, 가장 큰 문제는 학생들의 문제 해결력, 의사소통 능력, 감정 조절 능력들이 떨어지고 있음에서 파생되는 문제들이다.

일례로 학교에서는 복도에서 뛰지 않도록 가르친다. 초등학교의 복도는 교실의 나무 마룻바닥과는 달리 딱딱한 시멘트 바닥이 대부분이다. 학생들이 뛰다가 교실에서 나오는 학생들과 부딪혀서 큰 사고로 이어질 수 있다. 실제로 근무하며 몇 건의 복도 안전사고 사건들을 보았고 학교폭력으로 이어지는 경우까지 있었다. 근무하는 학교에서 생활부장으로 근무하기에 지나가다가 학생들이 복도에서 뛰면 붙잡아 지도하곤 한다. 최근 복도에서 뛰던 1학년 학생을 불러 세워 뛰지 말라고 훈계했다. 그 학생은 겁먹은 낯빛으로 알겠다고 했고 가던 길을 보내 주었다. 그리고 그 학생은 내가 보내 줌과 동시에 뛰었다.

예전에는 교실마다 교실 종이 있었다. 교실 종을 치면 학생들이 조용하고 선생님께 집중해야 했다. 요즘에는 교실 집중 구호를 통해 학생들의 주의를 집중시키는 경우가 많다. 우리 교실은 "하나"부터 "넷"까지 다양한 교실 구호들이 있다. 보통 손가락 하나를 들고 "하나"를 외치면 학생들이 "하나"를 외치며 선생님을 본다. 이 구호를 실행한 지 10년간 학생들 전체가 돌아볼 때까지 "하나"를 외치는 빈도가 늘어나고 있다. 예전에는 1번만 해도 학생들이 곧장 돌아보고 집중된 상태에서 수업을 진행하였다면 최근에는 10번도 넘어가는 경우가 많다. 학생들의 주의 집중력이 줄어든 현상은 비단 우리 교실뿐만이 아닐 것임을 이 글을 읽고 계신 선생님들께서는 공감할 것이라 생각한다. 더불어 요즘 교실 현장에서 선생님들의 진을 빼는 것 중에 하나는 학생들끼리의 갈등을 중재하는 것이다. 마찬가지로 학생들의 의사소통 능력이 떨어지면서 다양한 갈등 상황이 발생한다. 타인에 대한 공감 능력이 낮거나 의사소통 기술이 없으면 다양한 오해와 갈등을 빚는다. 학생들끼리 잘못 사과시키면 학부모 민원으로 돌아오기도 한다.

지난 1만 년간 인류의 진화 속도보다 문명 발달 속도가 압도적으로 빨랐다. 1만년 전 인류와 현대의 인류는 생물학적으로 큰 차이가 없지만, 그와 달리 환경은 압도적으로 많은 변화를 이루었다. 예전에는 ADHD 성향이 끊임없이 주변에 대한 관심을 변화시키며 생존에 유리한 점을 주었겠지만, 현대 문명사회처럼 자신만의 특별한 기술을 만들어 내야 하는 상황에서는 ADHD 성향은 큰 도움이 되지 않는다. 또한, 생존과 직면한 상황에서 순식간에 끓어오르는 감정들은 절박한 순간을 모면하게 도와주지만, 현대에 들어서는 타인을 위협하거나 집중을 방해하는 요소가 된다.

최근 집중력이 떨어진 것은 비단 학생뿐만이 아닐 것이다. "하버드 집중력 혁명"에서 저자 에드워드 할로웰은 ADT(Attention Deficit Trait), 주의력 결핍 성향을 소개한다. 주의력결핍장애(ADD) 전문가인 에드워드 할로웰은 주변 환경에 따라 주의집중에 문제가 생기는 ADT가 늘어나고 있다고 한다. 짧은 영상에 익숙해진 현대인들은 작은 노력으로 도파민을 쉽게 얻는 과정에서 인내력과 집중력이 줄어들고 있다. 쇼츠가 발달하는 2010년대 후반부터 학생들의 집중력이 반비례하여 그만큼 떨어지고 있음은 인류의 진화 속도보다 문명 발달 속도가 빨라진 대표적인 사례라고 할 수 있다. 이로 인해 저출산으로 교실당 학생 수는 줄어들고 있음에도 불구하고 학교 현장은 더더욱 어려워지고 있다. 개인적으로 미래의 대한민국이 저출산으로 인해 발생하는 문제보다 대한민국을 구성하는 국민 개개인이 갖춘 소양의 질이 낮아질 수 있다는 걱정이 더 크다. 사회정서학습은 우리 교육 현장에 불어닥친 이러한 문제들을 해결하는 대안 중 하나가 될 것이다.

사회정서학습을 교실에 적용하고 효과를 보게 된 가장 주된 이유는 사회정서학습은 학생들에게 삶의 "기술"을 가르치기 때문이다. 공부가 아니더라도 학생들은 미래에 무엇을 하든 사람들과 더불어 살아가야 한다. 사람들과 더불어 살아감에 있어 자신의 집중력이 떨어져 있다는 자기 인식(메타 인지)부터 자신을 컨트롤할 수 있는 자기 관리 기술들을 "반복"해서 길러준다. 사회적 인식과 관계 기술을 알려주며 타인과의 관계에서 발생하는 여러 문제를 해결할 수 있는 실제적인 기술을 알려준다는 점에서 매우 효과적이다. 나아가 인생은 B(Birth)와 D(Death) 사이의 C(choice)라고 말한 장폴 사르트르의 말처럼, 연속된 선택지들에서 책임 있는 의사 결정을 내리는 데 필요한 지식과 기술을 알려주는 사회정서학습은 개인과 사회에 매우 필요한 교육이며 현재 대한민국의 시의성과도 맞닿아 있다.

목차

Chapter

01

SEL이 교실에 필요한 이유

잠재적 교육과정으로서의 생활지도

공감과 소통이 줄어들고 갈등이 늘어나는 교실. 폭력적인 모습이 아니더라도 서로의 생각이나 말을 인정하거나 공감하지 못하고, 비아냥거리거나 잘못된 부분을 지적하는 일이 많아지고 있습니다. 상대방을 비난하고 잘못된 점을 찾아야 자존감을 찾는 학생, 좋은 것은 자기가 다 차지해야 소속감이 충족되는 학생 등 잘못된 표현 방법으로 인해 교실의 갈등은 점차 사소해지지만, 오히려 해결은 어려워지고 있습니다. 그래서 교사는 생활지도라는 이름으로 학생의 문제를 해결하려고 노력하지만, 문제 해결에 어려움이 많아지고 있습니다.

학생 생활지도는 수업과 함께 교사 주요 업무의 양대 축입니다. 그래서 수업을 준비하는 것만큼 많은 노력을 기울이고 시간을 투자해야 생활지도가 원활하게 진행됩니다. 그러나 생활지도라는 의미는 어느 정도 정립이 되었지만, 실제로 생활지도란 무엇이고 구체적으로 무엇을 가르쳐야 할지 명확하게 정의된 것은 없습니다. 막연히 '학생의 자존감과 소속감을 키워줘야 한다.', '학생의 감정에 공감을 잘 해줘야 한다.' 등 이론적인 부분은 많이 알지만, 실제로 그것을 어떻게 교실에 구현해야 할지 정립된 것은 많지 않습니다. 심지어 생활지도라는 수업이 따로 있지 않다 보니, 학교 생활 속에서 자연스럽게 체득될 수 있도록 지도한다는 것 역시 매우 어려운 일입니다. 한국의 교육과정은 매우 촘촘하게 구성되어 있어 교육과정 내 내용만으로도 수업 시간이 부족한 경우가 많기 때문입니다. 그래서 잠재적 교육과정이라는 이름으로 생활지도를 해 오는 것이 현실이었습니다. 구체적인 교육과정 없이 생활지도를 하다보니 수용성이 다른 학생들에게 효과적으로 전달되기를 바라는 것은 어려운 일입니다. 누군가는 생활지도에 대한 수용성이 높아 문제 행동을 수정하려고 노력하지만, 누군가는 수용성이 낮아 행동을 수정해야 한다는 것을 받아들이는 데에만 많은 시간이 필요한 경우도 있습니다. 그래서 교사들은 행동 수정이 잘 안되는 몇몇 학생에게 과도한 에너지를 쏟게 되어, 생활지도가 필요한 다른 학생에게 신경을 덜 쓰게 되는 일이 많습니다. 생활지도가 몇몇 학생의 문제 행동을 교정하기 위한 것으로 전락하게 되는 것입니다. 그런데 생활지도는 학급 전체 학생이 자연스럽게 배워, 긍정적인 학급 문화를 만들 때 가장 효과적으로 힘을 발휘할 수 있습니다. 그래서 체계적인 생활지도를 위해서 잠재적 교육과정을 넘어 수업과 연계된 생활지도 활동이 필요합니다.

다음으로 생활지도에 대한 생각의 변화가 필요합니다. 기존의 생활지도라고 함은 학생의 잘못된 행동을 교정하는 것에 집중되었다면, 이제는 갈등 예방과 나 자신을 인식하고 주어진 상황에서 행동하는 방법을 배우도록 하는 방향으로 선회가 필요합니다. 실제로 갈등이 일어난 다음에 해결하려고 하면 이미 쌓인 불신과 앙금으로 인해 관계 회복에 많은 시간을 소비하는 경우가 많습니다. 어떤 경우는 끝끝내 갈등을 봉합하지 못하고 겉으로만 덮는 일도 있습니다. 그래서 생활지도를 문제 해결보다는 갈등 예방에 초점을 맞추려는 노력이 필요합니다. 많은 갈등은 서로의 다름과 감정 표현법을 제대로 배우지 못해 생깁니다. 문제가 생긴 학생들을 불러 대화해 보면 말과 행동으로 인한 오해로 생긴 문제가 많다는 것을 알 수 있습니다. '말을 조금만 더 잘했으면, 오해할 수 있는 행동을 조금만 조절했더라면'처럼 안타까운 마음으로 학생들을 바라볼 때가 많습니다. 그래서 서로의 오해를 풀어 주게 되면 이내 기분 좋은 얼굴로 돌아갑니다. 또 친구와의 갈등에서 억울함을 표현하는 학생 역시 말을 들어주고 안아 주면 많은 문제가 해결됨을 깨달았습니다. 말과 행동을 건강하게 표현하지 않는 것은 갈등을 유발하는 가장 큰 원인이 됩니다. 그래서 서로의 생각을 건강하게 표현하고 다름을 존중하며, 서로의 권리와 의무를 다하는 방향으로의 생활지도가 필요합니다.

마지막으로 생활지도는 교사가 학생에게 지도한다는 개념을 벗어날 필요가 있습니다. 실제로 생활지도를 통해 학생의 문제 행동을 수정해 보신 경험이 있는 분들은 생활지도 영역에서 교사와 학생의 상호 작용이 너무나 중요하다는 것을 공감하실 것입니다. 교사가 아무리 좋은 말이나 모델링을 통해 학생을 좋은 방향으로 수정하려고 해도, 교사와 연결되지 않은 학생들은 그 지도를 거부합니다. 결국 교사의 말이 잔소리가 되어 학생과 관계가 멀어지게 됩니다. 교사는 교사대로 힘을 쓰고도 결과가 좋지 않으니 절로 힘이 빠지는 악순환이 벌어지게 됩니다. 반대로 교사의 지도를 따르지 않던 학생도 어느 순간 갑자기 행동을 수정하며 교사의 편이 되는 경우도 있습니다. 이 두 가지의 차이점은 바로 교사와 학생의 연결입니다. '수정하기 전에 연결되어라.'라는 아들러의 말처럼, 생활지도는 학생의 문제 행동을 수정하기 위해 교사가 지도하는 것이 아니라 학생의 발전을 위해 교사와 학생이 함께 방법을 고민하는 것입니다. 같은 방향을 바라보고 함께 방법을 고민하여 하나씩 문제를 해결하면, 천천히 그리고 장기적으로 해결할 수 있습니다. 완벽하고 마법 같은 생활지도는 없습니다. 가랑비에 젖듯이 천천히 그리고 끝까지 스며들게 해야 학생은 변합니다. 즉 생활지도는 일방통행이 아닌, 양방통행으로 교사와 학생이 문제에 대한 서로의 생각과 해결책을 공유하고, 해결이라는 결과를 향해 나아가는 과정입니다.

생활지도는 교사의 역할 중에서 수업만큼 중요한 영역입니다. 그래서 지금도 어떻게 하면 평화로운 학급을 만들지 고민하는 교사들이 많습니다. 그런데 이런 많은 고민에도 교실 상황은 크게 개선되지 않고, 비슷한 문제가 반복되는 경우가 늘어납니다. 그래서 문제가 생겼을 때만 지도하는 것을 넘어 수업과 연계한 생활지도를 한다면 더 효과적으로 학급을 운영할 수 있습니다. 문제는 해결하는 것보다 예방하는 것이 더 쉽습니다. 이 책에서는 2022개정 교육과정 성취기준에 맞춰 각 학년에서 배울 수 있는 사회정서(자존감, 감정 조절, 문제 해결, 사회적 기술, 소속감 등) 학습을 바탕으로 활동한 수업과 연계된 생활지도 방법을 소개하려고 합니다.

Why-How-What 그리고 SEL

미국 태생 작가인 사이먼 시넥(Simon Oliver Sinek)은 2009년 TED 강의에서 성공하는 사람들의 특징으로 그 일을 왜 하는지를 먼저 돌아봐야 한다고 Why의 중요성을 이야기했습니다. 많은 사람은 문제를 만났을 때, 문제 해결을 위해 What - How - Why의 순으로 접근한다고 했습니다. 즉, 문제의 본질인 '**왜** 그것을 해야 하는지? **왜** 그것이 효과적인지?'를 고민하지 않고, 무턱대고 문제 해결되었을 때 쟁취할 것만 생각한다는 것입니다. 그래서 그 성과를 얻기 위해 여기저기서 배운 방법들을 적용해 보지만 근본적으로 해결되지 않고, 그 문제가 반복됩니다. '이 방법도 틀렸고, 저 방법도 틀렸어.'라고 말하며, 새로운 방법을 찾거나 가장 편안하게 여기는 원래의 나 자신으로 돌아가버리곤 합니다. 생활지도도 마찬가지로 효과적인 생활지도를 위해, 다양한 활동과 대화법을 배우고 교실에서 실제로 적용해 보지만 '왜 한 번에 잘 안 되지? 이 방법은 나와 맞지 않아.'라고 생각하며 이내 변화를 포기하는 경우가 많습니다. 그래서 많은 교사가 '그 방법은 나와 맞지 않더라고요.', '해 봤는데 잘 안 돼요. 그건 그 선생님이라 잘 되는 거죠.'라고 말하며 자신의 실패를 외부 요인으로 넘겨 버립니다. 사이먼 시넥의 강연처럼 문제 해결에 집중하기 위해서는 '**그 문제를 왜 해결해야 하는가?**'라는 본질적인 문제 해결을 위한 목적에 집중해야 합니다.

사회정서학습을 골든 서클과 연관지어 보면 다음과 같이 표현할 수 있습니다. 학급의 많은 문제를 해결하기 위해서는 **WHY**(목적)-**HOW**(과정)-**WHAT**(결과)의 단계를 통해 문제를 파악해 봐야 합니다.

　0. 문제(Problem): 먼저 해결해야 하는 **문제**를 파악해야 합니다. 우리는 보통
　　　문제가 생겼다고 하면 큰 일이 생기거나, 골치 아픈 것이라고 생각합니

다. 하지만 영어의 문제인 problem의 어원을 보면 '토론하거나 해결할 어려운 질문, 수수께끼, 탐구할 과학적 주제'라는 뜻인 프랑스어 problème에서 유래되었습니다. 즉, 문제를 해결해야 할 대상으로 인식해야지, 골치 아픈 것으로 인식하면 효과적이지 않습니다. 그래서 문제가 생겼다면 그 문제를 해결해야 할 타이밍이 되었다고 인식하고, 문제 해결을 위한 목적-과정-결과를 고민해야 합니다. 물론 학급마다 문제는 다양하고 모두 다르겠지만, 공통적인 부분은 자존감과 소속감이 부족해 우울감을 호소하거나 집단에 어울리지 못하고, 수업을 방해하는 등 일명 문제 행동이 늘어나고 있다는 것입니다. 최근 한 뉴스[1]에서도 아동·청소년의 우울과 불안장애가 5년 새 급증하고 있다고 보도되었습니다. 사회적 양극화와 SNS 등 다양한 원인이 있겠지만, 가정에서의 문제가 학교로 직결되어 개인, 교우 관계 나아가 교사와의 관계까지도 위협받고 있다는 것을 알 수 있습니다. 이에 교사는 학생의 회복을 위해 여러 가지 방법을 고민하고, 실질적인 도움을 주기 위해 노력하고 있습니다. 하지만 학생의 치료와 보호를 위해 보호자의 법적 동의가 필요한 한계와 더불어 가정에서의 무관심 혹은 과도한 관심으로 인해, 학생들은 가정과 학교에서 필요한 사회적 기술과 품성을 배우지 못하고 사회로 나아가고 있습니다.

1. Why(목적): 현재 학급의 문제를 **왜** 해결하려고 하시나요? 학급마다 문제가 다르고, 교사와 학생의 성향이 제각각이라 문제를 해결하려는 목적은 모두가 다를 수 있지만, 궁극적인 방향은 모두 비슷합니다. 크게 보면 학생이 민주시민 사회에 적용하기 위해 가져야 할 기본적인 책임과 의무를 배워, 학교와 사회에 잘 적용하는 것이고, 작게 보면 행복한 학급을 만드는 것입니다. 학급의 문제를 해결하려는 목적이 무엇인지 먼저 고민해야 합니다.

---

1 '우울·불안장애' 아동·청소년 5년 새 급증…자살도 역대 최대, 한겨레(2024. 10. 01.)

2. How(방법): 행복한 학급을 만들기 위해 어떤 **방법**을 사용할 건가요? 학급의 문제 해결을 위해서는 학생이 나 스스로 괜찮은 사람이라는 자존감과 집단 내에 소속되어 있다는 소속감을 느끼도록 도와주어야 합니다. 그래서 사회정서학습의 다섯 가지 영역을 교육과정과 연계하여 다양한 활동으로 자기 인식, 자기 관리, 사회적 인식, 관계 기술, 책임 있는 의사 결정을 배워 자존감과 소속감을 가질 수 있도록 도와주어야 합니다.

3. What(결과): 사회정서학습을 한다면 어떻게 **결과**를 얻게 될까요? 학급에서 사회정서학습로 다양한 활동을 하게 되면 활동 속에서 자연스럽게 민주시민이 되기 위한 사회적 품성과 기술을 배우게 됩니다. 막연히 내가 뭘 잘하는지 고민해 보는 것과 달리 활동을 통해 나의 강점이 무엇인지 정리하면, 생각을 넘어 나의 강점을 주도적으로 활용하게 됩니다. 그래서 내가 어떤 것을 잘하는지(강점) 찾아 내가 가진 자산(Asset)을 통해 스스로 발전하고, 타인과 집단에 기여하게 됩니다.

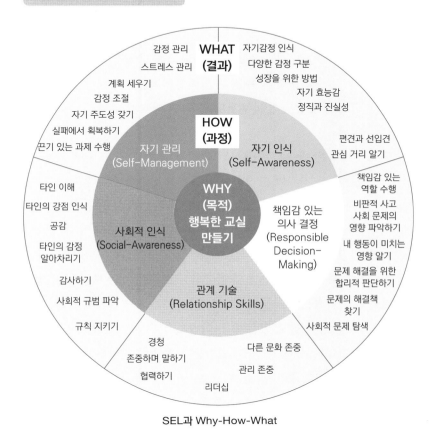

Problem(문제):
학급에서 자존감과 소속감이
부족한 학생이 늘고 있어,
많은 문제가 생기고 있다.

WHAT (결과)

자기감정 인식
다양한 감정 구분
성장을 위한 방법
자기 효능감
정직과 진실성

감정 관리
스트레스 관리
계획 세우기
감정 조절
자기 주도성 갖기
실패에서 회복하기
끈기 있는 과제 수행

HOW (과정)

자기 관리
(Self-Management)

자기 인식
(Self-Awareness)

편견과 선입견
관심 거리 알기

WHY
(목적)
행복한 교실
만들기

책임감 있는
역할 수행
비판적 사고
사회 문제의
영향 파악하기
내 행동이 미치는
영향 알기
문제 해결을 위한
합리적 판단하기
문제의 해결책
찾기
사회적 문제 탐색

타인 이해
타인의 강점 인식
공감
타인의 감정
알아차리기
감사하기
사회적 규범 파악
규칙 지키기

사회적 인식
(Social-Awareness)

책임감 있는
의사 결정
(Responsible
Decision-
Making)

관계 기술
(Relationship Skills)

경청
존중하며 말하기
협력하기
리더십

다른 문화 존중
관리 존중

SEL과 Why-How-What

SEL은 미국에서 시작된 이론으로 학생들의 사회정서가 부족한 현실을 개선하기 위해 인지적 학습 및 사회·정서적 학습협회(Collaborative for Academic, Social, and Emotional Learning)에서 위의 다섯 가지 하위 영역을 제시하면서 시작되었습니다. 현재는 미국의 공립학교를 포함해 많은 나라에서 적용되고 있습니다.

왜(Why) SEL이 교실에 필요한가?

"수업 시간에 조용히 하라고 했잖아."
"친구한테 욕을 하면 어떻게 하니?"
"모둠 활동인데 아무것도 안 하면 어떻게 하니?"

　지금도 교실에서는 반복되는 교사의 지시가 들립니다. 교실 붕괴가 가속화되는 최근 교사는 수업 시간에 딴짓하는 학생에게 집중하라고 말하고, 친구에게 욕하는 학생에게 학교폭력 예방 교육을 하며, 자존감이 부족한 학생에게 격려하며 무너져 가는 교실을 붙잡기 위해 고군분투하고 있습니다. 문제 해결을 위해 서로 다른 기질을 가진 학생에 맞춰 생활지도를 하고자 하더라도, 수업이라는 현실적인 벽에 부딪혀 이내 현실로 돌아와 진도를 나가는 모습을 발견하기도 합니다. 더불어 사회적으로도 묻지마 폭행이나 감정을 조절하지 못해 일어나는 우발적인 범죄들이 점차 늘고 있습니다. 이런 현상은 사회화의 축인 가족, 학교와 사회가 점차 그 기능을 잃어 가고 있다는 것을 방증한다고 볼 수 있습니다. 그런데 사회화의 세 가지 축인 가정, 학교, 사회 중 가장 먼저 붕괴된 축은 바로 가정입니다. 과거 대가족 체계의 집단 훈육과 부모의 적절한 권위와 사랑을 통한 가르침이 더 이상 힘을 발휘하지 못하게 되면서, 가정이 정서 학습의 주체가 되지 못하기 때문입니다. 즉, 자존감(나로서 괜찮은 감정)과 소속감(내가 속한 집단에 소속되어 있다는 감정)을 가정에서부터 충족받지 못하다 보니, 부족해진 자존감과 소속감을 학교와 사회에서 잘못된 방법으로 채우려는 행동이 문제 행동으로 나타나고 있습니다. 또한, 집단의 해체는 정서 지능에 큰 영향을 미치고 있습니다. 학생의 성장을 위해서는 지식을 배우는 인지적인 영역도 중요하지만, 배운 것을

행하기 위해서는 정서적 영역인, 정서 지능(EQ)을 기르는 것도 매우 중요함을 점차 잊어버리고 있기 때문입니다. 2009년 방영된 EBS 다큐멘터리 아이의 사생활에서 타인을 존중하고 공감하기 위해서는 자아 존중감이 중요하다는 것을 알려준 것처럼, 아이들의 성장을 위해서는 인지적 능력만큼 정서적 능력 또한 중요합니다. 그래서 사회정서학습은 삶의 가장 필수적인 능력 중 한 가지입니다. 학생들의 사회화를 위해 이제부터는 사회정서학습을 교육과정과 연계하여 수업에 녹여 생활지도를 해야 합니다.

'이제 하다 하다 교사가 아이들 감정 조절까지 가르쳐야 하는가?'

아마 많은 선생님이 이런 생각을 할 것입니다. 지식을 가르치기도 바쁜 학교에서 이제 학생의 정서까지 가르쳐야 할지 의문스럽고, 그만큼 업무 과중으로 이어질 것을 우려하기 때문입니다. 그런데 가정이 제대로 역할을 하지 못하는 현재, 학생에게 사회정서를 가르칠 수 있는 사회화 기관은 학교가 유일합니다. 또한, 집단생활을 가르치는 기관으로 함께 살아가는 것을 가르친다는 점도 사회정서학습을 가르치기에 좋은 장소이기도 합니다. 하지만 최근에 언론을 통해 보도되는 학교폭력이나 교사를 폭행하는 폭력적인 상황(교육활동 침해) 등은 교사의 발전을 위한 의지를 꺾을 정도로 심각합니다. 그래서 이런 방법으로 문제 해결이 가능할지? 학부모들이 이상하게 생각하는 것은 아닐지? 등 다양한 고민이 생깁니다. 하지만 인간이 새로운 것을 학습하는 과정을 본다면 감정을 표현하는 방법이나 다른 사람과 원활하게 대화하는 방법 등을 활동으로 배우는 사회정서학습이 왜 필요한지 알게 됩니다.

인간이 무엇인가를 배우고 내면화까지 하여, 습관으로 만들기 위해서는 생각(인지, 알아차리기)-감정(정의, 받아들이기)-결정(행동, 행동하기) 3단계를 거치게 됩니다. 그래서 습관을 들이기 위해서는 그 습관이 왜 필요한지 인지적으로 알고, 그것이 필요함을 받아들이고, 실제로 반복 연습을 하면서 내면화됩니다. 예를 들어 교실에서 가장 흔한 상황인 모둠 활동 중에 자주 싸우고 욕을 하는 학생이 있다고 생각해 보겠습니다. 먼저 인지적으로 욕을 왜 하면 안 되는지 알아차리게 할 필요가 있습니다. 이 학생을 불러 왜 욕을 했는지 물어보면, 친구가 뭐라고 해, 기분이 나빠 욕을 했다고 말합니다. 그러면 기분이 나쁘다고 욕하는 것은 잘못된 행동이고, 다음에는 욕을 하지 말라고 교육합니다. 그런데 이렇게 교육해도 그 학생은 바로 다음 시간에 또 욕을 합니다. 그래서 다시 불러서 물어보면, 되려 기분이 나쁘면 욕을 한다는 것이 왜 잘못된 것인지 묻는 학생들도 있습니다. 그래서 다음에는 친구가 이상한 말을 하거나 기분 나쁜 말을 하면 선생님에게 말하거나, 하지 말라고 친구한테 말하라고 전달해도 같은 문제는 반복되고 고쳐지지 않습니다. 이는 특정 상황에 대한 잘못된 신념에서 비롯된 것으로, 교사가 하지 말라고 해도 특별한 계기가 없다면 고쳐지기 매우 어렵습니다. 특정 상황에 학생 자신도 모르게 선천적인 기질과 후천적인 양육 과정, 부정적인 경험을 통해 형성된 잘못된 결정을 반복하고 있는 것입니다. 이런 문제 행동을 수정하기 위해서는 혼내거나 잔소리하는 부정적인 것보다, 학생이 가진 신념 체계를 수정하여 다음에 비슷한 상황에 닥치더라도 긍정적인 행동을 하도록 연습시키는 것이 더 효과적입니다. 왜냐하면 인간의 뇌는 부정문을 인식하지 못하기 때문에, 하지 말라고 하면 더 하려고 하는 경향이 있기 때문입니다. 그래서 '욕을 하지마!'처럼 부정적인 명령을 듣게 되면, 하지 말라는 말보다 '욕'이라는 단어에 집중하게 되어 오히려 욕을 더 강화하는 상황이 되기도 합니다. 따라서 욕을 하지 말라고 말하는 것보다 화가 났을 때, 어떻게 말해야 할지 긍정적인 방법으로 교육하는 것이 장기적으로 효과적입니다.

다음으로는 욕을 하지 않고, 감정을 효과적으로 표현하는 것이 좋다는 것을 받아들이는 과정이 필요합니다. 이 과정은 습관을 바꾸고 내면화하는 과정에서 가장 어렵게 생각하고, 실제로 가장 많이 실패하는 과정입니다. 머리로는 알아도 가슴으로 받아들이지 못하기 때문입니다. 머리로는 욕을 하지 않아야 한다고 생각하지만, 화나 짜증을 어떻게 표현하는지 배우지 못했거나 배웠어도 제대로 내면화되지 않아 습관이 된 잘못된 행동으로 자연스럽게 돌아가기 때문입니다. 그래서 이 과정에서는 잘못된 신념을 수정하고, 공감을 통해 학생이 스스로 변화를 알아차릴 수 있도록 도와주어야 합니다. 잘못된 신념을 수정하기 위해서는 학생이 욕을 해야만 했던 상황에 대한 해석을 바꿀 필요가 있습니다. 예를 들어 모둠 활동만 하면 싸우고 욕을 하는 A 학생이 있다고 생각해 보겠습니다. A는 개인 활동을 하면 나름 잘하는데, 이상하게 모둠 활동만 하면 싸우는 경우가 잦았습니다. 그래서 문제가 생긴 뒤 이야기해 보면, 자기도 왜 그런지 모르겠다는 말만 반복했습니다. 그래서 모둠 활동 중 A가 잘 보이는 곳에서 지켜보니 친구들과 의견이 맞지 않을 때, 다른 친구가 '네 의견은 틀렸어.'라고 말하면 표정이 안 좋아지면서 이내 화를 내는 것을 알게 되었습니다. 그래서 활동이 끝나고 A를 불러 물어보니 '틀렸다.'는 말에 화가 났다고 솔직하게 말해 주었습니다. A는 '틀렸어.'라는 말을 들으면, 그 말이 방아쇠가 되어 머릿속의 뇌관을 건드려 이성을 잃고 욕하며 화냈던 것입니다. A는 타인에게 거절당하거나, 부정적인 반응에 어떻게 대응해야 하는지 배우지 못했던 것입니다. 이런 학생들이 있다면 먼저 교사는 **'그랬구나.'**라는 마법의 단어를 시작으로 학생의 감정에 공감해 주어야 합니다. 모둠 활동에서 친구가 A의 의견이 잘못되었다고 말한 것이 모둠 활동 과정의 활동일 뿐이지, A에 대한 배척이 아님을 알려주어야 합니다. 그래서 **거절당했을 때 욕을 하지 않고, 기분 나쁜 감정을 표현하는 방법**을 가르쳐 상황에 대한 해석을 바꿔 주어야 합니다.

마지막으로 무작정 욕을 하지 말라고 하는 것보다, 욕을 하고 싶을 때 불편한 감정을 어떻게 표현하는지 배우고 반복 연습을 통해 내면화해야 합니다. 욕은 감정과 연결된 언어로 가장 원초적인 스트레스 해소 수단입니다. 그래서 학생에게 '욕 하지마!'라고 말하면, 그 학생은 효과적인 스트레스 해소법을 잃게됩니다. 그래서 I-Message 같은 대화법으로 자신의 감정을 긍정적으로 전달하는 방법을 가르쳐, 스트레스를 현명하게 관리하는 방법을 배우게 합니다. 효과적인 반복 연습을 위해서는 지속적인 시각과 청각 입력이 중요합니다. 그래서 초등학교 교실 앞에 학급 약속이나 공지 사항 등이 붙어 있는 것처럼, 감정을 조절해서 대화하는 방법을 교실 앞에 붙여 시각적 자극을 지속적으로 주어 대화법을 익힐 수 있도록 도와주어야 합니다. 이렇게 시각적인 자극을 지속해서 주게 되면, 나도 모르는 사이에 익숙해지고 자연스럽게 익히게 됩니다. 막연하게 이렇게 해야지 하는 생각을 글자라는 물질로 바꾸게 되면서, 생각을 정리할 수 있어 더 효과적으로 대화법을 익히기 때문입니다. 다음으로 학급에서 약속한 감정 조절 대화법을 많은 학생이 함께 말하고 연습한다면, 청각적 자극을 지속해서 줄 수 있습니다. 물론 이렇게 자극하고 연습한다고 처음부터 욕을 하는 문제가 쉽게 해결되지는 않습니다. 시각과 청각을 통해 지속해서 욕하지 않고 감정을 조절해서 표현하는 방법을 배운다면, 장기적으로 감정 조절 능력과 스트레스 관리 능력을 키워 감정을 긍정적으로 표현할 수 있게 만듭니다.

어긋난 신념을 만드는 생각-감정-결정의 연쇄 고리를 깨고, 잘못된 행동을 반복하지 않게 하는 것이 사회정서학습이 교실에 필요한 이유입니다. 사회정서학습은 활동을 통해 자존감과 소속감을 느끼기 위해 어떻게 행동해야 하는지 배우고, 실제 활동을 통해 연습하면서 내면화하는 과정을 배울 수 있게 합니다. 효과적인 학급 운영 방법으로 소개되는 학급긍정훈육법, 회복적 생활교육, 세금을 통한 학급 운영, 직업 놀이 등 다양한 학급 운영 방법 역시 삶에서 배울 수 있는 다양한 삶의 기술을 활동으로 배우면서 내면화한다는 점에서 사회정서학습과 비슷한 면이 많다고 볼 수 있습니다. 이런 방법의 공통적인 특징은 학생이 생활하는 과정에서 자연스럽게 사회정서를 배울 수 있도록 구조화되어 있다는 점입니다. 그래서 타인과 소통하는 방법, 자신의 강점을 파악하고, 책임을 배우는 등 교사가 일부러 가르치는 것보다 활동을 통해 자연스럽게 체득하게 됩니다. 학생이 자신의 문제를 깨닫고 스스로 변화하려는 마음을 먹게 하기 위해서는 실제 삶에서 필요한 기술을 활동으로 배워 활용하는 과정이 필수적입니다.

SEL을 어떻게(How) 적용할 것인가?

"그거 몇 번 해 봤는데, 똑같아요."
"그건 그 선생님이니까 가능하죠. 저는 안 될 거예요."
"그것도 되는 애들이나 되지, 금쪽이한테는 소용없는 데 무슨 의미가 있나요?"

최근 긍정 훈육, 비폭력 대화, 회복적 생활교육부터 화폐, 직업, 게임, 놀이 등 다양한 매개물을 활용한 학급 운영 방법이 생겨났지만, 아직도 교사들은 효과적인 학급 운영 방법을 고민하고 있습니다. 이 방법이 효과적이라고 소문이 돌아 책이나 연수로 배우고 학급에 적용해 보지만, 가시적인 성과가 보이지 않거나 교사 자신과 맞지 않는 등 여러 가지 이유로 포기하고 다른 방법을 찾기도 합니다. 하지만 시간이 흐를수록 새로운 것을 계속 배우고 적용하는 과정이 지치고, 학급 운영 방법이 제대로 정착되기 전의 과도기를 자주 경험하다 보니 효과성에 대한 의심마저 들기도 합니다. 더욱이 나와 학생의 발전을 위해 노력하고 있다고 생각하지만, 노력 대비 실제적인 결과가 보이지 않다 보니 더욱더 지쳐갑니다. 그래서 '해 보니 잘 안 되더라.', '그 방법은 나와 잘 맞지 않더라.' 등 신 포도라고 생각하는 경우가 많습니다. 비단 학급 운영 방식만이 아니라도, 주위의 많은 문제 역시 해결책을 알면서도 한 번에 해결되는 일은 많지 않습니다. 해결을 위한 여러 과정이 필요하고, 그 과정속에서 많은 진통을 견뎌야 하는 상황도 있습니다. 그래서 문제 해결의 목적을 명확히 했다고 하더라도, 그 과정에 대한 신뢰가 없다면 목적을 달성하기 어렵습니다. 사회정서학습 역시 과정에 대한 신뢰가 없다면, 지금까지와 똑같이 이 또한 지나가는 것일 수도 있습니다. 그렇다면 사회정서학습을 어떻게 적용해야 더 효과적인 학급 운영이 가능할까요?

사회정서학습을 학급에 효과적으로 적용하기 위해서는 사회정서학습의 다섯 가지 영역과 각 영역에 담긴 힌트를 찾아야 합니다. 사회정서학습의 영역은 아래 표와 같이 자기와 타인, 그리고 인식과 관리, 그리고 책임감 있는 의사 결정으로 나눠 볼 수 있습니다. 즉, 사회정서학습은 나와 타인을 인식하고, 관리하며, 문제 해결을 위한 책임감을 키우는 과정으로 이루어져 있으며, 자기 인식 영역에서 감정을 인식하고, 자리 관리 영역에서 감정을 조절하는 것처럼 각 영역은 개별적이지 않고 서로에게 영향을 줍니다. 지금부터 효과적인 학급 운영을 위한 사회정서학습의 다섯 가지 영역과 각 영역의 효과적인 적용을 위한 힌트를 찾아보겠습니다.

	자기	타인
인식	자기 인식	사회적 인식
관리	자기 관리	관계 기술
책임감 있는 의사 결정		

　　첫 번째 힌트: 자기 인식 - 감정의 힘을 활용하자.

　　첫 번째 영역은 자기 인식입니다. 자기 인식(Self-Awareness) 영역은 자기 자신이 어떤 사람인지 알아차리는 것을 배우는 영역입니다. 자기 인식을 통해 자신의 강점과 자기 효능감, 그리고 성장하기 위해 어떤 노력을 해야 할지 등을 배웁니다. 더불어 현재 내가 어떤 감정을 느끼고 있는지 파악하면서, 화를 내거나, 좌절하는 등 자주 실수하는 잘못된 행동 패턴을 찾습니다. 그래서 이 영역은 현재 내가 어떤 상태인지 지속적으로 파악하고, 그로 인해 어떤 변화가 있는지 알아차리는 영역입니다. 첫 번째 힌트는 문제 상황에서 교사가 어떤 감정을 느끼느냐에 있습니다. 교실 문제를 해결하기 위해서는 교사의 감정에서 힌트를 찾아야 하기 때문입니다. 교사의 말에 토를 달고, 자기가 하고 싶은 말만 하는 학생이 있다고 생각해 봅시다. 수업 방해는 기본이고, 심지어 모둠 활동에도 사사건

건 친구들과 싸워 수업 진행 자체가 안되기도 합니다. 이런 상황에서 교사는 자연스럽게 말대꾸하고, 친구와 갈등을 일으키는 학생에게 부정적인 감정을 느끼게 됩니다. 이런 문제가 반복되면 교사는 생활지도를 위해 학생의 부정적인 말과 행동에 더욱 집중하게 되고 감정이 더욱 안 좋아지는 악순환에 빠지게 됩니다. 이럴 때 교사에게 가장 필요한 것은 나의 부정적인 감정을 어떻게 해소할 수 있는가를 고민하는 것입니다. 예를 들어 인간의 다양한 감정이 주인공인 애니메이션에서 주인공을 힘들게 만들었던 '슬픔'이가 결말에서는 문제 해결에서 가장 필요한 존재였던 것이 힌트입니다. 문제 해결의 핵심은 그 학생의 말과 행동으로 화를 내는 것에서 끝나는 것이 아니라, 어떻게 하면 이 화를 해소할 수 있을까에 집중해야 한다는 것입니다. 즉, 수업을 방해하고 갈등을 일으키는 학생의 문제를 어떻게 해결할 수 있을지 고민하는 과정 자체가 문제 해결의 시작인 것입니다. 그래서 사회정서학습을 학급에 적용하기 위해서는 교사의 부정적인 감정에서 힌트를 찾아, 그 문제를 어떻게 해결해야 할지 고민하는 과정까지 연결되어야 합니다. 나아가 문제 상황 중 긍정적인 감정이 생긴다면, 그 부분 역시 문제 해결의 힌트를 갖고 있습니다. 교사가 긍정적인 감정이 든다는 것은 문제 해결의 실마리가 보였다는 것을 의미하기 때문입니다. 그래서 문제 해결을 위해서는 교사 스스로 내가 느끼는 감정을 정확하게 인식할 필요가 있습니다. 막연하게 좋다 나쁘다를 넘어, 스스로 느낀 감정을 어떻게 이름 붙일지 고민하고 감정을 세분화해야 합니다. 감정을 세분화하면 그 감정으로 인해 얻어지는 힌트를 더 정확하게 파악할 수 있고, 장기적으로 감정 조절에 도움이 되기 때문입니다. 그래서 인간의 기본 감정인 기쁨, 슬픔, 두려움, 화남(더한다면 놀람, 혐오)을 중심으로 내가 아는 감정 단어가 몇 개인지 파악한 뒤, 그 감정을 주는 영향을 통해 감정을 효과적으로 활용하는 방법을 배워야 합니다. 아래 표에 기본 감정과 비슷한 감정을 적어 봅시다.

기본 감정	비슷한 감정
기쁨	
슬픔	
두려움	
화	
놀람	
혐오	

두 번째 힌트: 자기 관리 - 감정을 조절하자.

두 번째 영역은 자기 관리입니다. 자기 관리(Self-Management) 영역은 자기 인식에서 배운 감정과 나의 현재 상태를 기반으로 감정을 조절하여 표현하는 방법, 목표 달성을 위한 동기 부여와 계획 수립 및 실천을 배웁니다. 더불어 스트레스를 받았을 때, 그 스트레스를 견디고 한 걸음 앞으로 발전하는 방법도 배웁니다. 그래서 이 영역은 현재 상황에서 자신의 감정을 알아차리고, 그 감정을 조절하여 문제 해결에 효과적으로 사용하는 방법을 배우는 영역입니다. 두 번째 힌트는 문제 상황에서 교사가 얼마나 감정을 잘 조절하느냐입니다. 감정을 조절한다는 것은 감정을 정확하게 알아차리는 것(자기 인식)을 넘어, 감정의 주인이 되어 감정을 효과적으로 관리하는 것입니다. 우리는 감정을 조절한다는 것을 부정적인 감정을 참는 것으로 인식하는 경향이 있습니다. 그래서 참는 것을 미덕으로 생각했고, 부정적인 감정을 자주 표현하는 사람을 겁쟁이나 울보 등 부정적인 언어로 낙인 찍었습니다. 이런 문화적인 특징으로 인해 지금은 사라졌지만, DSM-4(미국 정신의학회에서 출판하는 서적으로, 정신 질환의 기준으로 사용되는 서적의 4번째 개정판)에 화병(hwa-byung)이라는 한국어로 된 병명까지 만들어 냈을 만큼 화를 제대로 표현하지 못해 병까지 얻었을 정도입니다. 학급에서 많은 갈등을 경험하는 교사 역시 '선생님 똥은 개도 먹지 않는다.'는 말까지 있을 정도로, 부정적인 감정을 참고 인내하며 살아가고 있습니다. 여기에 최근 교육활동 보호가 어려운 현실까지 더해져 정신적인 고통과 불안을 호소하는 교사가 늘어나고 있습니다. 부정적인 감정을 참음으로 인해 일어나는 문제를 줄이고, 교사가 정신적 고통에서 조금이나마 벗어나기 위해서는 감정 조절이라는 개념에 대한 패러다임을 바꿔야 합니다. 감정 조절은 단순히 참는 것이 아니라, 과거에 했던 잘못된 행동 패턴을 반복하지 않는 것입니다. 예를 들어 한 학생이 지속해서 '그거 왜 해요?'라고 말하는 바람에 트라우마가 생겨, 이제는 비슷한 말만 들어도 마음속에서 분노가 올라오는 교사가 있다고 생각해 보겠습니다. 여기서 트리거(분노를 촉발하는 상황)는 '그거 왜 해요?'라는 말입니다. 악의가 있는 말도 있겠지만, 아무 생각 없이 하는 말에도 일일 교사가 부정적인 (화를 내거나 우울해지는) 반응을 보이게 되면 교사와 학생 모두에게 부정적인 영향을 미치게 됩니다. 그래서 이때는 첫 번째 힌트인 그 당시 내 감정이 어떤 감정인지를 정확하게 찾아야 합니다. 만약 그 감정을 무시당했다는 것으로 인한 분노라면, 다음에 같은 상황에 맞닥뜨렸을 때, 교사가 진정으로 원하는 상황을 생각하고, 분노라는 감정을 어떻게 바꾸어야 교사가 원하는 상황을 만들 수 있을지 생각해야 합니다. 그 감정을 스스로 결정하고 교사가 원하는 상황을 만들어 내는 것이 바로 감정의 조절입니다. 아래처럼 과거와 비슷한 상황에서 다른 감정을 선택함으로써, 교사가 원하는 상황을 스스로 만들어 내는 것입니다. 물론 심각할 정도로 상황이 반복된다면 명백한 교육활동 침해이므로 교육활동 보호 절차에 따라 신고하고 진행하는 것이 좋겠지만, 일반적인 상황이라면 교사의 작은 변화로도 교실의 분위기가 달라질 수 있습니다.

상황	생각	감정	행동	결과
과거 상황	무시당했다	분노	화를 냄	수업 진행이 어려움
교사가 원하는 상황	무시당했다	( )	**수업이 끝난 뒤 그 학생과 이야기하기**	수업을 진행할 수 있음

세 번째 힌트: 사회적 인식 - 공감으로 연결되자.

　세 번째 영역은 사회적 인식입니다. 사회적 인식(Social Awareness) 영역은 일명 공감 능력으로도 일컬어지는 영역입니다. 나와 다른 사람들을 존중하고, 그 사람이 현재 어떤 상태인지 파악하여 반응하는 방법을 배웁니다. 주변 상황을 파악하는 법을 배우는 영역으로, 우리가 종종 눈치 좀 보라고 말하는 것과 관련이 있습니다. 그래서 이 영역은 나를 둘러싼 주변 환경에 대해 관심을 가지고, 변화에 대해 인식하는 법을 배우는 영역입니다. 세 번째 힌트는 문제 상황을 교사가 얼마나 공감하느냐입니다. 교실에서 일어나는 많은 문제는 서로의 다름으로 인해 소통이 되지 않는 상황에서 자주 일어납니다. 학생 간 성격 차이로 인한 다툼, 이해되지 않는 말과 행동으로 인한 오해, 신체나 관계적 우위로 인한 문제, 교사와 학생과의 갈등 모두 서로의 다름에서 시작되는 문제이기 때문입니다. 따라서 문제 해결의 힌트는 서로의 다름을 인정하고, 상대방을 공감(이해)하는 것에서 찾을 수 있습니다. 그런데 교실 구성원 모두 유전적 배경과 양육 태도, 살아온 경험이 다르다 보니, 공감대를 형성하기 어렵습니다. 가정에서부터 배워와야 하는 다름을 존중하고, 상대방의 감정에 공감하는 방법을 이제는 학교에서 가르쳐야 하는 시기가 온 것입니다. 학생에게 공감하는 법을 가르치기 위해서는 교사부터 공감으로 학생과 연결되려는 노력이 필요합니다. 가장 간단하게는 문제 상황에서 학생에게 "그렇구나~"로 공감하는 방법부터, 학생이 처한 상황을 이해하고 그 안의 감정에 연결되는 것까지 여러 가지 공감 방법이 있습니다. 즉, 타인을 인식(사회적 인식)하고, 타인과 나를 연결하는 방법으로 공감을 활용하는 것입니다. 우리는 흔히 상대방의 말과 행동에 공감하면, 동의하는 것이라고 생각하지만 동의하지 않아도 공감할 수 있습니다. 예를 들어 수업 시간에 친구의 별것 아닌 말에 사과하라고 소리를 지르는 학생이 있다면, 수업이 끝난 뒤 "그랬구나~. 친구가 뭐라고 해서 마음이 아팠구나."처럼 학생의 감정에 공감해 주게 되면 생각보다 쉽게 해결의 실마리가 풀리기도 합니다. 수업 시간에 소리지르는 잘못된 행동에는 동의하지 않지만, 그 당시 학생의 감정에는 공감하는 것입니다. 이렇게 학생의 문제 행동에 공감하면 학생과 연결되어, 문제 행동을 수정하는 기회를 얻을 수 있습니다. 학생과 대화할 때는 학생의 말을 그대로 받아 "~구나."로 말을 시작하면 좋습니다. 이때 주의할 점은 상대방이 장난으로 느껴지지 않도록 진지하게 말해야 합니다. 그리고 표정도 최대한 부드럽게 하여 상대방이 공감하고 있다고 느껴질 정도로 말해야 합니다. 그래서 미국의 심리학자 앨버트 메러비안(Albert Mehrabian)은 〈침묵의 메시지〉에서 의사소통에서 언어적 중요성은 7%에 불과하고, 청각적 요소(말투, 어조 등)가 38%, 시각적 요소(표정, 행동 등)가 55%를 차지한다고 말했습니다. 정보를 전달할 때는 실제 말하는 언어보다는 표정과 말투가 더 중요합니다.

예시 상황

학생: 선생님 오늘 친구가 놀려서 화가 났어요.
교사: 오늘 친구가 놀려서 화가 났**구나**~

네 번째 힌트: 관계 기술 – 단호하게 거절하자.

네 번째 영역은 관계 기술입니다. 관계 기술(Relationship Skills) 영역은 일명 사회성으로 일컬어지는 영역입니다. 다른 사람의 말에 경청하고, 서로 협력하여 문제를 해결하는 등 타인과 어우러져 살아가기 위한 사회적 기술을 배웁니다. 더불어 존중을 기반으로 한 리더십을 발휘하고, 갈등이 생겼을 때 현명하게 해결하는 법도 배웁니다. 그래서 이 영역은 나와 다른 타인과 건강한 인간 관계를 형성하면서, 문제를 함께 해결하는 방법을 배우는 영역입니다. 네 번째 힌트는 문제 상황 시 학생의 잘못된 말과 행동을 단호하게 거절해야 한다는 것입니다. 기본적으로 학급에서 문제가 생겼다는 것은 일방이든 쌍방이든 관계적인 문제(혹은 폭력적인 상황)가 생겼다는 것이고, 그 문제를 해결하기 위해서는 누군가의 말이나 행동의 변화가 필요한 상황이라는 것입니다. 그래서 교사는 문제를 유발한 학생(혹은 학생들)에게 무엇이 잘못되었고 문제를 해결하려면 어떻게 해야 함을 단호하게 전달해야 합니다. 하지만 여러 가지 이유로 인해 많은 교사는 이 부분을 어려워합니다. 예를 들어 문제 상황이 교사를 대상으로 한다면, 그러한 상황에서 물러나지 못해 감정적인 대응을 하는 것이 문제가 될 수 있습니다. 아니면 학생 간의 문제인데, 서로의 감정이 진정되지 않아 교사의 말이 통하지 않을 수도 있습니다. 그래서 교사와 학생의 감정 조절을 위해 두 번째 힌트를 참고하여 감정을 조절하고, 세 번째 힌트인 "~구나"법을 활용하여 학생과 연결되어야 합니다. 연결된 다음에 단호하게 말하려면 다음의 원칙을 따라야 합니다. 첫째, 단호하다는 것은 무섭게 말하는 것이 아니라, 감정을 최대한 조절해서 말하는 것입니다. 효과적인 전달을 위해 표정과 말투도 단호한 느낌을 주는 것이 좋습니다. 둘째, 단호하게 말하려면 길게 말하는 것보다, 짧게 말하는 것이 더 효과적일 때가 많습니다. 예를 들어 수업을 시작할 때, 책을 펴지 않는 학생이라면 '책'이라고 짧게 이야기하는 것이 책을 펴야 하는 이유를 말하는 것보다 낫습니다. 셋째, 문제 해결 방법을 학생이 선택하게 하는 것이 좋습니다. 학생이 스스로 선택하지 못하면, 교사가 선택지를 제공하여 그 안에서 학생이 선택하게 하는 것도 좋은 방법입니다. 넷째, 학생이 잘못된 말이나 행동을 수정하지 않으려고 할 때는 단호하게 안 된다고 거절해야 합니다. 학생이 스스로 선택한 방법이라면 선택에 대한 책임을 안내하고, 교사와 함께 결정한 방법이라면 지킬 수 있도록 지속해서 확인해야 합니다. 교사의 단호한 거절은 감정적인 소모를 줄이고, 교사가 말하고자 하는 바를 효과적으로 전달할 수 있습니다. 예를 들어 모둠 활동 시간에 다툼이 생겼을 때, 서로의 탓만 하는 상황을 가정해 보겠습니다. 서로의 탓만 하는 상황이 반복되면 효과적인 문제 해결이 어렵다는 것을 전달하기 위해, "우리 이 문제를 어떻게 해결할까?"라는 말로 감정 소모로 넘어가려는 것을 단호하게 거절할 수 있습니다. 먼저 "~구나." 법으로 연결된 후, "어떻게"의 마법으로 단호하게 거절해 보세요. "어떻게"는 선택권과 그에 따른 책임을 학생에게 넘겨, 문제 해결에 학생이 참여할 수 있게 해 주는 마법의 단어입니다.

다섯 번째 힌트: 책임감 있는 의사 결정 – 문제 해결에 집중하자.

다섯 번째 영역은 책임감 있는 의사 결정입니다. 책임감 있는 의사 결정 (Responsible Decision Making) 영역은 작게는 가정, 학교 나아가 사회적 문제에 대해 관심을 갖고, 책임감 있게 그 문제를 해결하는 법을 배웁니다. 그리고 자신의 행동이 주변에 미치는 영향을 인식하고, 이를 바탕으로 비판적 사고를 활용하여 문제 상황을 인식합니다. 그래서 이 영역은 집단 내에서 나의 행동이 미치는 영향을 파악하고, 이를 바탕으로 책임감 있게 개인 및 집단의 문제 해결 방법을 배우는 영역입니다. 다섯 번째 힌트는 문제 해결을 위해 해결 자체에 집중해야 한다는 것입니다. 교실에 일어난 많은 문제는 힘의 차이, 관계에서 오는 갈등 등 여러 가지 요인으로 생기는 복합적인 문제입니다. 그러다 보니 짧은 시간에 근본적인 문제를 해결하기 어려워, 교사의 지속적인 노력이 중요합니다. 그래서 문제 해결을 위해서는 범인이 누구인지 찾기 전에, 이 문제를 어떻게 해결할지에 집중해야 합니다. 사르트르는 자기 앞에 일어난 모든 문제는 자기의 책임이라고 말했습니다. 교실에서 일어난 일에 범인을 찾게 되면, "또 누가 떠드는 거야!", "넌 왜 매일 싸우니!"라고 말하게 됩니다. 이렇게 문제의 책임을 상대방에게 두게 되면, 그 문제의 해결과는 멀어지게 됩니다. 즉, 그 문제를 나의 책임이라고 생각했을 때, 문제에 빠르게 접근해 해결한다는 의미입니다. 여기서 책임을 진다는 의미는 그 문제 자체가 내가 원인이라는 의미가 아닙니다. 문제 해결의 책임이 나에게 있으니, 문제를 해결하기 위해 노력하겠다는 의미입니다. 문제는 문제라고 생각하고 해결의 의지를 갖춘다면, 천천히 그리고 자연스럽게 해결되는 경우가 많습니다. 교실 속에 문제가 있는 것처럼, 해결의 핵심도 교실 안에 있습니다.

사회정서학습을 효과적으로 학급에 적용하기 위해서는 사회정서학습에 대한 이해와 더불어 교사의 마음가짐 변화가 필요합니다. 감정에 휘둘리지 않고, 오히려 감정이 주는 힘을 활용해 문제 해결의 힌트를 얻어야 합니다. 그리고 부정적인 결과를 초래하는 행동 패턴을 인식하고 변화시키는 과정으로 감정을 조절하고, 공감과 단호함을 바탕으로 학생과 소통해야 합니다. 또한, 학급 문제 해결의 책임감(교사의 잘못으로 인해 생기는 책임감이 아닌, 문제 해결에 대한 책임감)을 갖고, 문제 해결을 위해 한 걸음씩 나아가야 합니다. 사회정서학습은 활동을 통해 드라마틱한 변화를 일으키는 것이 아니라 장기적으로 관계 개선과 성장을 추구하는 학습이므로 교사의 믿음과 인내가 필요합니다. 교사가 문제를 해결해 주지 않고, 느리지만 문제 해결에 학생을 동참시켜 해결하면 더 효과적이라는 믿음과 기다림이 장기적인 변화를 만들 수 있습니다.

SEL로 무엇을(What) 얻을 수 있는가?

우리는 수업을 계획할 때, 수업의 목표를 설정하고 어떤 지점까지 도달할 것인지 도달점을 설정합니다. 그리고 수업 과정을 통해 그 도달점에 도달할 수 있도록 지속해서 피드백합니다. 사회정서학습 역시 이 수업이 사회정서학습이라고 명시적으로 학생들에게 안내할 필요가 있습니다. 즉, 이 활동은 의사소통 방법을 배우기 위한 활동이라는 점을 안내하고, 오늘 활동을 통해 다른 사람과 사이가 좋아지기 위해서는 어떻게 말해야 하는지 연습합니다. 이런 활동을 한 번에 그치는 것이 아니라, 여러 가지 방법으로 지속해서 반복하게 되면 장기적으로 학생들은 사회정서학습을 통해 도달하고자 하는 바를 얻게 됩니다. 그리고 사회정서학습을 통해 긍정적인 경험을 하도록 도와주어야 합니다. 예를 들어 갈등 상황에서 사과하는 법을 모르는 학생에게 사과하는 말을 실제로 연습해 보면서 긍정적으로 갈등을 해결하는 경험을 마련해 주어야 합니다. 연습이지만 원래의 패턴과 다른 긍정적인 문제 해결 경험은 과거의 부정적인 경험을 희석시켜, 학생의 문제 해결력을 향상시켜 주기 때문입니다. 우리가 흔히 트라우마라고 부르는 과거의 상처는 잊는다고 잊을 수 있는 것이 아니라, 비슷한 상황에서 일어나는 긍정적인 경험을 통해 상처를 치유하고 행동을 수정할 수 있습니다. 이렇듯 사회정서학습은 교과와 연계한 활동으로 긍정적인 경험을 장기적으로 지속해야 효과성을 발휘할 수 있습니다. 학생들은 사회정서학습을 통해 무엇(What)을 얻게 될까요?

첫째, 자기 인식 영역을 통해 자신이 어떤 점을 잘하고 강점을 가지고 있는지 파악할 수 있습니다. 자기 인식을 통해 나를 온전히 인식한다는 것은 자존감 형성에 바탕이 됩니다. 자존감이란 나로서 괜찮은 감정으로 실패에서 회복하거나, 과제에 대한 적극성, 다른 사람과 관계를 형성할 때 폭넓게 필요한 감정입니다. 흔히 '저 사람은 자신감이 부족해.'라고 말하는 것과 비슷하다고 할 수 있습니다. 그래서 자존감이 낮으면 새로운 일에 쉽게 도전하지 못하거나, 자신이 무능력하다고 인식하는 경우가 많습니다. 그런데 타인의 눈치를 많이 보는 우리 사회의 특성상, 다른 사람과 비교하면서 자존감이 낮아지는 경우가 많습니다. 즉, 어제의 나보나 발전하는 오늘의 나를 바라보는 것이 아니라, 다른 사람과 비교하게 됨으로써 쉽게 도달하기 어려운 경지를 동경하게 되는 것입니다. 그래서 건강한 자존감 형성을 위해서는 타인과 비교하지 않고, 어제의 나와 비교하며 현재의 삶을 살아가려는 노력이 필요합니다. 사회정서학습은 **자기 인식 영역**을 통해 강점과 약점을 인식하고 이를 바탕으로 자존감을 형성하도록 돕습니다. 그 과정에서 타인과 비교하기보다, 내가 현재 어떤 사람이고 어떤 강점을 갖고 있는지 인식하게 됩니다. 그리고 강점을 바탕으로 과제를 성공적으로 수행하면서 자기 효능감을 갖고, 학업 능력 향상과 실패했을 때 스스로 일어서는 회복 탄력성을 배우게 됩니다.

하위 기술	설명
개인 및 사회 정체성 통합	나와 나를 둘러싼 집단에 대해 이해하기
개인 문화 및 언어 자산 식별	내가 가진 강점을 인식하기
자신의 감정 알아내기	내가 아는 감정을 구분하기
정직과 진실성 보여 주기	삶에 대해 긍정적으로 인식하기
감정, 가치, 생각 연결하기	나의 행동 패턴을 이해하기
편견과 선입견 조사	편견과 선입견 알아차리기
자기 효능감 경험	성공 경험을 통해 자존감 형성하기
성장 마인드 갖기	성장하기 위한 방법 알아내기
관심과 목적의식 개발	관심을 바탕으로 목적의식 개발하기

둘째, 자기 관리 영역을 통해 감정을 조절하고, 스트레스에서 벗어나는 방법을 배울 수 있습니다. 그리고 시간을 효율적으로 관리하고, 끈기를 갖고 목표를 달성할 수 있습니다. 자기 관리는 감정, 시간, 계획, 스트레스 등 삶의 전반적인 조절력의 바탕이 됩니다. 자기 조절력은 최근에 점차 더 강조되는 능력으로 화나 스트레스를 조절하거나, 계획성을 갖고 과제를 수행할 때 필요한 능력입니다. 특히 학교라는 공동체는 서로 다른 개인 간의 갈등이 자주 일어나는 장소이다 보니, 더욱더 자기 조절 능력의 필요성이 강조되고 있습니다. 그래서 자기 인식을 통해 알게 된 감정을 바탕으로 현재 나의 감정이 무엇인지 배우고, 자기 효능감을 바탕으로 계획하고 실천하면서 목표를 달성하는 경험을 해 볼 수 있습니다. 학급에서 학생과 함께 의미 있는 역할(1인 1역)을 만들거나, 감정 조절 약속, 수업 중 예의를 지키는 약속 등 실제로 실천할 수 있는 약속을 함께 만들어 실천하는 것이 자기 조절력 향상에 도움을 줍니다. 그래야 실제적인 활용이 가능하고, 학생에게 책무성을 부여할 수 있기 때문입니다. 사회정서학습의 **자기 관리 영역**을 통해 부정적인 감정과 스트레스로부터 자기 스스로 조절하는 방법을 배우고, 이를 바탕으로 삶의 루틴을 만들어 긍정적은 습관을 형성하는 법을 배웁니다.

하위 기술	설명
감정 관리	감정을 조절하여 표현하기
스트레스 관리 전략 식별 사용	화(스트레스)가 날 때 조절하기
자기 훈련과 자기 동기 부여	끈기를 발휘하여 끝까지 완수하기
개인과 집단 목표 설정	나와 학급의 목표 세우기
계획 및 조직 기술 사용	시간을 효율적으로 관리하기 위한 루틴 만들기
솔선수범하는 용기 보여 주기	실패했을 때, 나 스스로에게 동기 부여하기
개인 집단적 주체성 보여 주기	자기 스스로 하는 습관 기르기

셋째, 사회적 인식 영역을 통해 나와 다른 사람을 이해하고 서로의 관점을 존중하는 방법을 배웁니다. 그리고 상대방의 감정에 공감하고, 배려하는 태도로 협동하는 법을 배웁니다. 상대방과의 다름을 인식하고 존중하는 것은 소속감을 느끼는 것에 큰 영향을 줍니다. 대가족의 해체와 온라인의 발달, 개성의 다양성 등 사회의 변화는 소속감을 잃어버리게 만들었습니다. 집단에 소속되어 기여하고 그 안에서 존중받으며 집단의 구성원으로 소속되어 있다는 소속감을 찾아야 하는데, 이런 기회를 얻지 못한 학생은 소속감을 찾기 위해 잘못된 방법을 사용하게 됩니다. 예를 들어 친구와 대화하기 위해 일부러 놀리거나, 자신에게 관심을 집중시키기 위해 헛기침 소리를 내는 등의 방법으로 나타납니다. 자신은 집단에 소속되어 있다는 감정을 느낄지 모르지만, 주변 사람들과 멀어지게 만드는 행동을 반복하게 됩니다. 이런 일이 반복될수록 잘못된 행동의 강도는 강해지고, 결국 군중(학급) 속에서 고독(외로움)을 느끼게 됩니다. 이럴 때는 혼내는 것보다 대화하면서 공감하는 긍정적인 연습을 통해 소속감을 느끼는 기회를 주는 것이 훨씬 효과적입니다. 사회정서학습의 **사회적 인식 영역**을 통해 다른 사람의 감정을 알아차리고 나를 둘러싼 상황에 올바르게 반응하는 법을 통해 소속감을 느끼는 방법을 배웁니다.

하위 기술	설명
다른 사람의 관점 취하기	다른 사람이 되어 보기
다른 사람의 강점 인식하기	다른 사람들이 잘하는 것 찾기
공감과 연민의 표현	다른 사람의 감정에 공감하기
다른 사람의 감정에 관심 보이기	다른 사람의 감정을 알아차리기
감사를 이해하고 표현하기	감사하는 말하기
부당한 규범을 포함한 다양한 사회적 규범 식별	다양한 나라의 사회적 규범 살펴보기
상황적 요구와 기회 인식	주변 환경에 반응하기
조직과 시스템이 행동에 미치는 영향	학급 안에서 규칙을 지켜 생활하기

넷째, 관계 관리 영역을 통해 다른 사람과 소통하며 긍정적인 관계를 형성하고, 갈등을 슬기롭게 해결하는 방법을 배웁니다. 그리고 집단에 기여하기 위해 리더십을 보이고, 타인을 존중하는 방법을 배웁니다. 타인과 원만한 관계를 맺고 그 관계를 유지하기 위해서는 갈등 상황에서 문제를 해결하는 문제 해결력이 중요합니다. 하지만 갈등을 스스로 해결해 본 경험이 부족한 상황과 자녀의 갈등을 대신 해결해 주려는 가정 상황이 맞물려 학생들은 문제해결력을 배우지 못하고 있습니다. 그래서 작은 다툼이 쌓여 케케묵은 갈등이 되어, 결국엔 학교폭력이나 도저히 회복할 수 없는 관계가 되기도 합니다. 이 문제는 교우 관계를 넘어 교사와 학생 간의 갈등으로도 번지고 있습니다. 교사의 지도를 제대로 이행하지 않거나, 정당한 훈육을 부정적으로 받아들여 교육활동 침해 행위로 나타나기도 합니다. 이런 학생은 혼낸다고 해결되는 경우가 많지 않습니다. 오히려 관계만 나빠져, 문제 해결을 더 어렵게 만들 수 있습니다. 그래서 문제 해결을 위해 '어떻게(How) 그 문제를 해결할까?', '무슨 방법(What)을 사용하면 좋을까?'처럼 What & How 질문법을 통해 학생과 정답을 함께 찾아가는 것이 더 효과적입니다. 자신의 문제를 어떻게(How), 무슨 방법(What)을 사용할지 교사와 함께 고민하여 해결하면, 장기적으로 문제 해결력을 키울 수 있게 됩니다. 사회정서학습의 **관계 관리 영역**을 통해 다른 사람의 말에 경청하고, 존중하며 갈등을 해결하는 문제 해결력을 배울 수 있게 됩니다.

하위 기술	설명
효과적인 의사소통	다른 사람의 말에 경청하며 대화하기
긍정적인 관계 개발	다른 사람을 존중하여 말하기
문화 역량 입증	다른 문화를 존중하기
팀워크 및 협업 문제 해결 연습	다른 사람과 협력하기 위한 문제 해결하기
갈등을 건설적으로 해결	다른 사람과 갈등이 생겼을 때 해결하기

부정적인 사회적 압력에 저항	친구에게 소외당하거나 거절 당했을 때 대처하기
그룹에서 리더십 보이기	더 좋은 리더가 되기
필요할 때 지원과 도움을 구하거나 제공	다른 사람에게 도움을 주기
타인의 권리 옹호	서로의 권리를 존중하기

　　다섯째, 책임감 있는 의사 결정을 통해 가정, 학교, 사회의 문제를 합리적으로 해결하는 의사 결정 능력을 기릅니다. 그리고 자신의 행동이 주변에 미치는 영향을 알고, 이를 통해 집단에 기여하는 방법을 배우게 됩니다. 책임감 있는 의사 결정을 위해서는 책임감을 어떻게 만들 것인지가 중요합니다. 책임감은 자신에게 주어진 임무나 의무를 중요하게 생각하는 마음입니다. 그래서 현재 주어진 상황을 본인의 과제라고 생각하지 않는 학생들에게 책임감을 가지라는 말은 설득력이 부족합니다. 예를 들어 모둠 활동 과제를 자신의 과제가 아니라며 참여하지 않는 학생에게 책임감을 가지고 역할을 수행하라는 말은 쉽게 받아들여지기 어렵습니다. 책임감 있는 의사 결정을 위해서는 먼저 학생이 주어진 과제가 자신의 과제라는 것을 인식할 수 있도록 과제를 학생과 연결해야 합니다. 예를 들어 정확한 목표를 제시하거나, 역할의 중요성을 말하고, 학생의 노력을 격려하는 등의 방법으로, 학생이 자신의 과제로 받아들여 책임감을 가질 수 있도록 도와주어야 합니다. 이럴 때는 지시하기보다 질문으로 학생이 스스로 선택할 수 있도록 도와주고, 그게 어렵다면 교사가 수용할 수 있는 여러 가지 선택지를 제시하여 선택과 책임을 가르칠 필요가 있습니다. 사회정서학습의 **책임감 있는 의사 결정 영역**을 통해 공동의 문제에 책임감을 가지고, 타인에게 기여함으로써 공동의 문제를 해결하는 합리적인 의사 결정 방법을 배울 수 있습니다.

하위 기술	설명
호기심과 열린 마음 보여 주기	주변(학급 및 사회)의 사회적 문제를 탐색하기
개인 사회적 문제 해결책 찾기	집, 학급 및 사회적 문제를 해결하기
정보, 데이터, 사실을 분석 후 합리적 판단하는 법 학습	학급 및 사회적 갈등을 합리적으로 해결하는 방법 모색하기
자신의 행동 결과 예측하고 평가	내 행동이 주변(학급 및 사회)에 미치는 영향 알기
비판적 사고 능력이 학교 안팎에서 얼마나 유용한지 인식	집, 학급 및 사회 문제에 비판적인 생각 갖기
개인, 가족, 지역사회의 안녕을 증진하기 위한 자신의 역할을 성찰	내가 다른 사람을 위해 할 수 있는 일을 찾고, 책임감 있게 수행하기
개인, 대인 관계, 지역사회 및 제도적 영향 평가	윤리적, 사회적 문제에 비판적 사고하기

사회정서학습은 2024학년도부터 적용되는 2022 개정 교육과정과도 밀접한 관계를 갖고 있습니다. 2022 개정 교육과정은 불확실성이 강해지는 미래 세대의 적응 능력을 키우고, 지식을 배우는 것을 넘어 실생활에 활용할 수 있도록 개정 방향성을 잡았습니다. 하지만 이런 변화속에서도 2015 개정 교육과정부터 큰 변화 없이 계속 유지되는 것은 교육을 통해 키우고자 하는 핵심역량입니다. 교육과정에서 강조하는 핵심역량을 살펴보면 사회정서학습과 연관성이 많다는 것을 알 수 있습니다. 예를 들어 자기 관리 역량과 자기 관리 영역은 이름부터 비슷하고, 각 역량을 키우기 위해 필요한 부분들이 사회정서학습과 밀접하게 관련된 것을 알 수 있습니다.

2015	2022	주로 관련된 SEL 영역
자기 관리 역량	자기 관리 역량	자기 인식, 자기 관리 영역
지식정보처리 역량	지식정보처리 역량	자기 관리, 책임 있는 의사 결정 영역
창의적 사고 역량	창의적 사고 역량	자기 인식, 책임 있는 의사 결정 영역

심미적 감성 역량	심미적 감성 역량	자기 인식, 사회적 인식 영역
의사소통 역량	협력적 소통 역량	사회적 인식 영역, 관계 관리 영역
공동체 역량	공동체 역량	관계 관리, 책임 있는 의사 결정 영역

첫째, 자기 관리 역량은 자신의 삶을 주체적으로 관리하고 발전시킬 수 있는 역량으로 내가 어떤 사람인지 인식하고, 이를 바탕으로 감정과 행동을 조절하여 자주적인 삶을 설계할 수 있도록 돕습니다. 자기 관리 역량은 사회정서학습의 자기 인식 및 자기 관리 영역과 관련있는 역량으로 최근 학교 현장에서 가장 부족한 상황에 대한 인식을 통해 감정을 조절하여, 교육활동을 보호하고 학교폭력을 예방하는 등 자존감을 형성하여 주도성을 갖고 삶을 설계할 수 있게 해 줍니다.

둘째, 지식정보처리 역량은 다양한 지식과 정보를 비판적으로 받아들이고 활용하는 역량으로 학습 과정에서 받는 스트레스나 압박을 효과적으로 관리하여 목표를 달성할 수 있도록 돕습니다. 더불어 비판적 사고를 통해 문제를 합리적으로 해결하면서 책임감을 배울 수 있도록 해 줍니다. 지식정보처리 역량은 사회정서학습의 자기 관리 영역 및 책임 있는 의사 결정 영역과 관련있는 역량으로 학습에 대한 계획을 세우고 이를 수행하며, 비판적으로 문제 해결에 참여하여 효과적으로 지식 정보를 활용할 수 있게 합니다.

셋째, 창의적 사고 역량은 기초 지식을 바탕으로 융합적 사고로 새로운 것을 창출하게 돕습니다. 창의적 사고를 위해서는 현재 알고 있는 것과 새로운 것을 융합하여 비판적 사고를 하고, 성장을 위해 어떻게 해야 할지 파악하게 해 줍니다. 그래서 창의적 사고 역량은 사회정서학습의 자기 인식 및 책임 있는 의사 결정 영역과 관련있는 역량으로 관심사와 강점을 바탕으로 지식을 융합하여 창의적 사고를 할 수 있는 목적의식을 개발 할 수 있도록 돕습니다.

넷째, 심미적 감성 역량은 타인에 대한 공감과 이를 바탕으로 삶의 의미와 가치를 성찰하도록 돕습니다. 그래서 타인과 소통하는 방법을 배우고, 이를 바탕으로 나의 정체성을 파악하여 자기 효능감을 가질 수 있도록 해 줍니다. 심미적 감성 역량은 사회정서학습의 사회적 인식 및 자기 인식 영역과 관련이 있어 타인의 감정을 알아차리고 공감하며 삶을 긍정적으로 인식하며 심미적인 감성을 키울 수 있도록 돕습니다.

다섯째, 협력적 소통 역량은 2022 개정 교육과정에서 유일하게 변경된 역량으로 단순히 의사를 전달하는 것을 넘어, 협력을 바탕으로 소통하는 것을 강조합니다. 협력적 소통 역량은 사회적 인식 및 관계 관리 역량과 관련이 있어 다른 사람의 관점을 존중하고 경청하며, 공감을 넘어 갈등을 효과적으로 해결하기 위해 내 감정을 어떻게 전달할지 배웁니다. 궁극적으로는 협력적인 관계를 바탕으로 학급의 문제를 함께 해결하는 과정을 경험하게 해 줍니다.

여섯째, 공동체 역량은 타인과의 다름을 존중하고, 공동의 문제를 책임감 있게 해결하는 과정을 배우게 합니다. 공동체 역량은 관계 관리 및 책임 있는 의사 결정 영역과 관련이 있어, 다른 사람의 문화적 차이를 존중하고 열린 마음을 바탕으로 사회적 문제를 함께 해결할 수 있도록 해 줍니다.

2022 개정 교육과정의 핵심역량과 사회정서학습의 영역을 이해한다면 1개의 핵심 역량에 2개의 사회정서학습 영역이 기계적으로 대응하는 것이 아니라는 걸 알 수 있습니다. 협력적 소통을 위해서는 사회적 인식 영역, 관계 관리 영역과 더불어 자기 감정을 파악하는 자기 인식 영역과 감정을 조절하는 자기 관리 영역, 공동의 목적을 구현하기 위해 합리적 판단을 위한 책임감 있는 의사 결정 영역도 가르쳐야 합니다. 교육과정의 핵심 역량과 사회정서학습의 영역은 융합적으로 영향을 주고받습니다. 그래서 사회정서학습의 영역을 전반적으로 교육하면 2022 개정 교육과정에서 구현하고자 하는 핵심역량을 기르도록 도울 수 있습니다. 학생의 전인적 성장을 위해서는 사회정서학습을 통해 학생의 사회적·정서적 발달을 촉진하면서, 2022 개정 교육과정에서 강조하는 다양한 역량을 자연스럽게 배울 수 있게 됩니다.

Chapter

02

SEL의 실제

자기 인식

사회정서학습의 시작점, 자기 인식

한 명의 학생은 하나의 우주, 하나의 세상이라고들 한다. 각자의 색깔과 모양이 있고, 서로 다른 배경과 역사를 가진 학생들은 교실이라는 공간에서 함께 생활한다. 따라서 교실은 여러 차원의 세상이 공존하는 곳으로 이해할 수 있다. 자신감이 부족한 학생, 이해가 느린 학생, 분위기를 읽지 못하는 학생, 자기밖에 모르는 학생, 극도로 예민한 학생, 싫어도 싫다고 표현하지 못하는 학생, 잘하는 것이 많지만 겸손하지 못한 학생이 한데 모여 교실을 구성한다. 그렇기 때문에 교실은 탄생부터 비정형(非定型) 그 자체라고 볼 수 있다.

서로 다른 세상은 자연스럽게 충돌하게 된다. 교사는 이러한 충돌이 학생들의 미숙함으로부터 비롯된 것이 아니라는 것을 이해해야 한다. 중요한 것은 갈등이 생기지 않도록 노력하는 것이 아니라 학생 스스로 갈등이 생겼을 때 이를 조절하고 해결해 나가는 능력을 배양하는 것이다. 따라서 갈등이 자연스러운 것이라는 전제는 사회정서학습을 교실로 들여올 때 가장 중요한 전제가 된다. 나자신을 이해하는 것, 스스로를 바라보는 것이 바로 사회정서학습에서 말하는 자기 인식이라고 볼 수 있다.

자기 인식을 왜 가르쳐야 할까?

교실에서 일어나는 여러 사건을 살펴보면 학생의 무너진 정서가 그 원인이 되는 경우가 많다. 예를 들어 자신의 감정 상태를 모르거나 감정을 올바르지 못한 방법으로 표현하는 것이다. 다시 말해 사소한 이유로 조금씩 불안해지는 정서를 올바른 방식으로 표현하지 못하고, 이로 인한 갈등을 올바르게 해소하지 못해 갈등은 점점 심화된다. 바로 이 지점에서 자기 인식의 필요성을 확인할 수 있다. 나의 현재 감정을 정확하게 이해하는 일은 갈등으로부터 한 걸음 떨어져 상황을 바라보는 데 큰 도움이 된다. 또, 학생이 자신의 강점과 한계를 이해하고 있는 것만으로도 자신 주변의 사람을 대하는 태도와 방식이 정돈된다. 이를 통해 자신감과 자기 효능감을 조금씩 키워 간다면 학생의 내면에 안정된 정서가 자리 잡을 것이다.

자기 인식으로 인한 변화

사회정서학습에서 자기 인식은 학생이 자신을 이해하는 것을 넘어 정서적 안정감을 갖는 데 아주 중요한 역할을 한다. 나의 감정이 무엇인지 정확하게 알고 있다면 그 감정에 어울리는 말과 행동을 선택하는 데 신중해지기 때문이다. 이 과정은 갈등 상황에서 학생의 심리적 긴장감을 낮추는 데 도움을 준다. 뿐만 아니라 자신의 감정을 조절할 수 있는 능력을 조금씩 키워 가면서 학교 생활 전반에 대한 자신감과 자기 효능감도 얻을 수 있다. 안정된 정서를 바탕으로 학생은 건강한 대인 관계를 형성하기도 한다. 좋은 마음이 좋은 말과 행동으로 이어지고, 좋은 말과 행동은 좋은 관계를 불러오기 때문이다.

자기 인식은 학생이 개인적으로 성장하고 사회적 책임감을 갖춘 시민으로 살아가기 위해 필요한 역량 중 하나이다. 자신의 감정을 이해하고 조절하며, 강점과 한계를 명확히 인식하는 것은 자신의 삶에 대한 주도권을 제공한다. 학생은 자기 스스로에 대해 깊이 있게 고민하는 기회를 갖고, 이를 바탕으로 책임감 있는 공동체의 구성원으로 성장할 기회를 얻게 된다. 나의 마음을 이해하는 것은 좋은 사회 구성원이 되는 가장 첫 번째 시작점인 것이다.

● 학년: 1학년

● 사회정서학습: 영역 (주: ⊙, 부: ○)

자기 인식	자기 관리	사회적 인식	관계 기술	책임 있는 의사 결정
⊙			○	

● 사회정서학습(하위 기술)이 필요한 교실 상황

하위 기술	편견과 선입견 조사
하위 기술이 필요한 교실 상황	'남자가 분홍색을 좋아하면 안 되지!', '여자는 태권도 대신 발레나 해야지!' 아이들도 모르게 내뱉는, 우리 주변을 둘러싸고 있는, 너무나 만연한 '성과 관련된 편견'들이다. 처음에는 '편견이 뭐예요?' 물으며 생소한 단어에 대해 어려움을 표하는 아이들이지만, 간단한 예시와 함께 다양한 종류의 편견들을 이야기해 주자 아이들이 그동안 겪었던, 또는 목격했던 '편견'들이 정말 다양함을 알 수 있었다. 이런 다양한 편견들에 대해 알아보고, 이것이 '차별'로 이어질 수 있음을 이야기한다. 함께 만든 '편견 쓰레기통'에 우리반의 편견을 버리고, 사람을 있는 그대로 소중히 대할 것임을 선서하며 수업을 진행한다.

● 활동 설명

1. '사자 마트' 그림책 읽기

그림책 속에는 따뜻한 마음씨를 가진 '사자 마트'의 주인, '사자 아저씨'가 등장한다. 하지만 마을 사람들은 사자 아저씨의 겉모습만 보고 '성격이 고약할 것 같다.', '무서운 사람일 것 같다.'는 편견을 가지며 마트를 방문하지 않는다.

그러던 어느 날 우연히 정전이 되고 하나둘 마트를 찾아오는 사람들이 '사자 아저씨'의 따뜻한 면모를 알게 되며 '선입견'이 깨지게 된다. 그림책 속에 나오는 '생김새와 관련된 편견' 과 관련하여 아이들과 이야기를 나누고, 이후 우리 사회에 있는 '다양한 종류의 편견들'에 대해 함께 경험을 공유하며 생각의 폭을 확장한다.

2. 다양한 종류의 '편견' 알아보기

'성'과 관련된 편견 (ex. "여자는 머리가 짧으면 안 돼", "축구 선수는 남자만 할 수 있어"), 인종과 관련된 편견 (ex.'백인이 흑인보다 머리가 더 똑똑할 것 같아"), 이외에도 나이와 관련된 / 장애와 관련된 / 생김새와 관련된 편견 등 다양한 종류의 편견을 이야기하며, 우리가 무심코 갖고 있던 편견에 대해 생각해 보는 시간을 가진다. 처음에는 '편견'이라는 단어에 대해 낯설어 하던 아이들이 하나둘 사례를 들어 설명해 주자 적극적으로 자신이 겪었던 '편견'을 이야기하는 모습을 볼 수 있었다.

3. 편견 쓰레기통 만들기

충분히 이야기를 나눈 다음, 자신이 그동안 갖고 있던 편견 중 제일 버리고 싶은 것, 또는 오늘 함께 이야기 나눈 편견 중에 제일 심각하다고 생각이 드는 것을 종이에 적어 보도록 한다. 그리고 '편견 쓰레기통'에 자신이 적은 편견 종이를 구겨서 버리는 행위를 통해, 마음속에 있는 '편견'을 없애려는 적극적인 실천 의지를 갖도록 한다.

4. '편견을 없애요' 선서하기

함께 편견을 버리며 완성한 '편견 쓰레기통'은 교실 한 켠에 잘 전시해 두어 학생들이 잊어버리지 않고 상기할 수 있도록 한다. 그리고 수업에서 배운 '편견'과 '선입견'에 대한 올바른 마음가짐이 일상생활에서 지속될 수 있도록 다 함께 선서하면서 내면화한다.

● 활동 사진

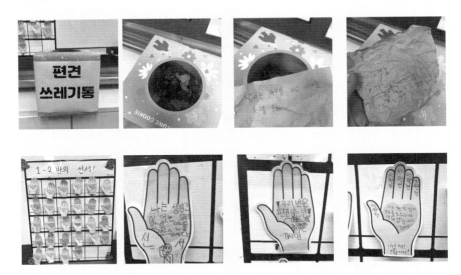

● 활동 시 주의사항

1. 초등학생이 겪었던 편견 사례를 얘기하다 보면 아무래도 성과와 관련된 편견 얘기에 치중될 확률이 높은데, 자칫 성차별로 수업 주제가 치우쳐 과열되지 않도록 주의한다.

2. '편견 쓰레기통'에 종이를 구겨 넣는 행위에 흥미를 느끼는 학생이 많다. 종이를 많이 넣고 싶어서 제대로 생각해 보지도 않고 무작정 적어서 버리지 않도록 충분히 생각할 시간을 준다.

3. 일회성 수업이 되지 않도록 교실 내 보이는 곳에 전시해 두고, 가능하다면 학생과 함께 편견 선언문 같은 것을 만들어 아침 시간 등을 활용해 간단히 선서하는 등 일상 속에서 편견에 대한 올바른 마음가짐이 내면화될 수 있도록 한다.

● 관련 성취기준

학년군	과목	성취기준
1~2학년군	통합	[2바02-03] 차이나 다양성을 서로 존중하면서 생활한다.
3~4학년군	도덕	[4도01-04] 다른 사람의 관점을 수용할 수 있는지를 도덕적으로 검토하고 도덕 규범을 내면화하여 도덕적으로 행동할 수 있는 자세를 기른다.
5~6학년군	도덕	[6도02-02] 편견이 발생하는 이유를 탐색하여 해결 방안을 살펴보고, 다양성 존중을 바탕으로 다른 사람과 올바른 관계를 맺기 위한 실천 방안을 탐구한다.

자기 긍정 선언문 만들기

- 학년: 2학년

- 사회정서학습: 영역 (주: ⊙, 부: ○)

자기 인식	자기 관리	사회적 인식	관계 기술	책임 있는 의사 결정
⊙	○			

- 사회정서학습(하위 기술)이 필요한 교실 상황

하위 기술	관심과 목적의식 개발
하위 기술이 필요한 교실 상황	자기 긍정 선언은 자신이 이루고 싶은 모습을 떠올려 긍정적으로 자신에게 말해 주는 것이다. 긍정적인 생각을 하는 습관은 긍정적인 사고와 행동에 영향을 미치며 자존감 형성에도 큰 도움이 된다. 자신이 잘하는 것과 바라는 모습을 인지하면서 긍정적인 자기 이해를 할 수 있기를 기대한다. 이러한 긍정의 힘을 통해 날카롭고 부정적인 아이들의 마음을 부드럽고 긍정적으로 바꾸며, 행복하고 안전한 교실을 만드는 데 도움이 되길 기대한다.

- 활동 설명

1. 자기 긍정에 대해 이야기 나누기

처음 들어보는 말이므로 학생들의 언어로 '자기 긍정'을 재정의하는 시간을 갖는다. 자기 긍정이라는 단어에서 '긍정'이 무엇인지 학생들에게 물어본다. '좋은 것이다', '긍정적인 것이다.', '좋게 생각하는 것이다.' 등등의 답변을 한다. 학생들의 답변을 바탕으로 '자기 긍정'은 자신에게 좋게, 긍정적이게 해 주는 것이라고 재정의해 볼 수 있다. 이를 바탕으로 '자기 긍정'을 해 줄 수 있는 말에는 어떤 것이 있는지 질문한다. 학생들은 '사랑하는 말', '나를 칭찬하는 말', '용기를 주는 말', '감사할 수 있는 말' 등으로 표현한다. 학생들이 말한 내용을 정리하여 자신을 사랑해 주고, 감사의 마음이 담긴, 칭찬과 용기를 주는 자기 긍정 선언문을 만들 것임을 안내한다.

2. 듣고 싶은 말 떠올려 보기

공책이나 종이를 준비한다. 공책에 듣고 싶은 말을 적어 안내한다. 나에게 주는 사랑, 용기, 칭찬, 감사 등의 문장을 5개 이상 적어 보도록 안내한다. 스스로뿐만 아니라, 부모님, 친구, 가족, 선생님 등으로부터 듣고 싶은 말을 적어 본다. 학생들은 보통 자신이 잘하는 것, 잘하고 싶은 것, 되고 싶은 모습, 듣고 싶은 칭찬 등을 포함하여 적는 경우가 많다.

3. 나에게 힘이 되는 말 고르기

공책에 적은 문장 중 가장 듣고 싶은 말, 들었을 때 나에게 가장 힘이 될 것 같은 말을 1~2개 고르도록 안내한다. 이때 학생들이 지금 당장 잘하는 것만 고를 수 있으므로, 관련된 태도나 필요한 습관에 대해 생각해 볼 수 있도록 안내한다.

4. 자기 긍정문 만들기

고른 말을 합쳐서 한 문장으로 만들어 본다. 이때 '나는', '00이는'처럼 자신을 주체로 시작하고, 현재형으로 끝낼 수 있도록 한다. 예시로는 '나는 무엇이든 잘하고, 열정이 있는 사람이다.'처럼 '나는 ~하는 사람이다.' 형식을 사용하도록 한다. 문장을 만들었으면 종이에 글자를 쓰고 꾸미는 활동을 한다.

5. 자기 긍정문 읽기

활동이 끝나고 차례차례 모든 친구의 긍정문을 함께 읽는다. 스스로 읽으며 긍정적인 마음과 앞으로의 다짐을 할 수 있고, 친구들이 같이 읽어 줌으로써 칭찬과 응원의 마음을 전달받을 수 있다. 꾸준히, 아침 시간이나 필요할 때 자기 긍정문을 읽어 보고 긍정적인 마음을 상기시킬 수 있게 한다.

● 활동 사진

● 활동 시 주의사항

1. 자기 긍정문을 쓸 때는 학생들의 문장을 '나는'으로 시작하는지, 현재형으로 쓰는지, 자신에게 긍정적인 말인지 확인해야 한다. 필요할 때는 관련된 태도나 구체적인 행동을 이야기해 문장을 써 보도록 돕는다.
2. 글자를 꾸밀 때는 문장이 잘 보이도록 쓸 수 있게 안내한다.
3. 자기 긍정 문장을 일회성으로 끝내는 것이 아니라 아침 시간이나 가정과의 연계 등을 통해 꾸준히 같이 확인하고 읽어 볼 수 있도록 안내하는 것이 좋다.

● 관련 성취기준

학년군	과목	성취기준
1~2학년군	통합	[2바01-02] 나를 이해하고 존중하며 생활한다. [2바04-04] 지금 탐색하여 나에 대해 설명한다.
	국어	[2국06-02] 일상의 경험과 생각을 글과 그림으로 표현한다.
3~4학년군	도덕	[4도01-01] 자신의 감정을 소중히 여기며 존중하는 태도를 바탕으로 내가 누구인가를 탐구한다.
5~6학년군	도덕	[6도01-03] 자기가 하고 싶은 일을 선택할 때 도덕적 고려의 필요성을 알고 자신의 특기와 적성을 탐색하여 진로계획을 수립한다.

성장 마인드셋 가지기

● 학년: 3학년

● 사회정서학습: 영역 (주: ⊙, 부: ○)

자기 인식	자기 관리	사회적 인식	관계 기술	책임 있는 의사 결정
⊙	○			

● 사회정서학습(하위 기술)이 필요한 교실 상황

하위 기술	정직과 진실 보여 주기
하위 기술이 필요한 교실 상황	자존감 높은 사람은 자신감만으로 가득 찬 사람이 아니다. 자신의 객관적인 상황과 문제를 직시하는 메타인지를 발휘할 수 있어야 한다. 보통 자존감이 낮은 학생들이 남 탓을 많이 하며 자신의 문제를 회피하기 급급하다. 이 활동은 사회정서학습을 하기 위한 시작 단계로 자신의 문제를 있는 그대로 받아들이고 '나는 문제가 있어. 하지만 해결도 할 수 있어!'라는 성장 마인드를 명시적으로 가지는데 목표가 있다. 남 탓보다는 자신의 말과 행동을 되돌아보는 정직과 진실을 찾아가는 활동을 통해, 나의 삶에 대해 긍정적으로 인식하고 성공보다는 성장에 초점을 맞춘 교실 문화를 만드는 데 그 목적이 있다.

● 활동 설명

1. 코넬노트 점검하기

학생들은 평상시 코넬노트에 기억해야 할 교과 내용을 기록한다. 보통 학생들은 교과 내용을 들었을 때 그 내용을 안다고 착각한다. 하지만 코넬노트에 기록된 날개 부분의 내용을 질문으로 만들면 명쾌히 설명하기 힘들어한다. 핵심 개념을 설명하는 식으로 코넬노트 복습 문제를 제시하고 무엇을 아는지, 무엇을 모르는지에 대해 직시한다.

2. 모르는 내용 공부하기

잘 알고 있는 내용은 연필로 표시하고 잘 모르는 부분에 대해 코넬노트와 교과서 등을 찾아보고 색이 다른 펜으로 정답을 기록한다. 그리고 질문을 반복하며 모르는 내용에 대해 스스로 공부한다. 점검하는 과정에서 본인이 안다고 착각했던 문제들을 직시한다. 문제를 모르는 것이 가장 큰 문제라고 생각하고, 본인이 모르는 문제를 직시하고 해결하는 과정에서 성취감과 자신감을 쌓을 수 있다.

3. 도전하기

선생님께 코넬노트 복습 문제에 대해 도전한다. 교사는 랜덤으로 질문 4~5개를 하고 답변할 수 있는지를 점검한다.

4. 분신 인형 제작하기

선생님의 도전을 통과한 학생들은 자신만의 분신 인형을 꾸민다. 분신 인형은 자신의 내, 외형적 특징들을 살려 자신만의 개성을 살리도록 유도한다.

5. 분신 인형 칭찬하기

자신의 분신 인형에게 다음과 같은 말을 넣어 칭찬해 준다.

> OO아, 오늘 문제 어려웠지? 끝까지 해낸 모습이 너무 멋져!
> 앞으로도 노력하는 OO이 응원해!

앞으로도 노력하여 성취하거나 문제를 해결했을 때마다 스스로 칭찬할 수 있도록 지도한다.

● 활동 사진

코넬노트 복습			
2024학년도 2학기	2024.11.29. 금	3학년 2반	번 이름
1. 문단이란?		13. 원의 성질 3가지 이상?	
2. 문단의 특징 3가지?		14. 분수란?	
		15. ¾의 의미?	

● 활동 시 주의사항

1. 문제를 빠르게 해결한 학생에게는 모르는 문제를 찾는 것이 느린 학생을 돕도록 유도한다.
2. 다른 학생과 비교하는 것이 아닌 활동을 하기 전과 후의 변화된 자신의 모습을 비교하도록 지도한다.
3. 분신 인형의 완성도 보다 분신 인형에게 해 주는 긍정적인 말에 초점을 두어 교육한다.
4. 몰랐던 내용이 많았던 학생일수록 노력해서 더 많이 알게 된 것임을 확인시켜 주어 고양감을 강화한다.

● 관련 성취기준

학년군	과목	성취기준
1~2학년군	통합	[2바01-01] 학교 생활 습관과 학습 습관을 형성하여 안전하고 건강하게 생활한다.
3~4학년군	도덕	[4도01-01] 자신의 감정을 소중히 여기며 존중하는 태도를 바탕으로 내가 누구인가를 탐구한다.
5~6학년군	도덕	[6도01-01] 자주적인 삶에 대한 이해를 바탕으로 자신의 생활계획을 세우고 실천하여 주체적인 삶의 태도를 기른다.

감정 출석부

● 학년: 1~6학년

● 사회정서학습: 영역 (주: ⊙, 부: ○)

자기 인식	자기 관리	사회적 인식	관계 기술	책임 있는 의사 결정
⊙		○	○	

● 사회정서학습(하위 기술)이 필요한 교실 상황

하위 기술	자신의 감정 알아내기
하위 기술이 필요한 교실 상황	감정 조절에 어려움을 겪는 학생은 학급에 직·간접적으로 피해를 줄 수 있으며, 이로 인해 학생 간의 갈등 상황이 자주 발생하게 된다. 감정을 적절하게 조절하고 타인과 긍정적인 관계를 형성하기 위해서는 무엇보다 자신의 감정을 명확하게 인식하고 이를 적절한 방식으로 표현하는 것이 중요하다. 감정 출석부 활동을 통해 자신의 감정 상태를 돌아보며 정서 인식 능력을 향상시키고, 꾸준한 감정 표현 연습을 바탕으로 감정 조절 능력 개선을 기대할 수 있다.

● 활동 설명

1. 다양한 감정 이해하기

다양한 감정을 이해하고 인식하는 단계로, '기분이 좋다', '기분이 나쁘다'와 같은 단순한 표현으로 감정을 표현하는 것이 아닌 명확한 감정 표현이 가능하도록 여러 가지 감정 표현 어휘를 익힌다.

행복, 슬픔, 즐거움, 분노, 두려움 등 학생들에게 익숙한 감정부터 시작하여 자신의 경험과 연결지어 감정에 대한 이해도를 높이도록 한다. 이때 감정 그림

카드, 그림책, 애니메이션 등 여러 가지 자료를 활용하여 학생들에게 낯선 감정의 종류와 특성을 시각적으로 학습할 수 있도록 하여 폭넓게 이해할 수 있도록 한다.

2. 감정 구분하기

여러 상황 속에서 느끼는 감정을 구분하여 구체적으로 이름을 붙여보는 단계로, 다양한 놀이 활동을 통해 연습할 수 있다. 대표적인 활동 2가지를 소개하겠다.

〈감정 매칭 게임〉

감정과 관련된 단어나 상황을 카드에 적어 감정과 상황을 매칭하는 게임이다. 예를 들어, "화가 난다"라는 감정과 "친구가 약속을 깼다"라는 상황을 연결지을 수 있다. 이를 통해 감정과 상황의 관계를 이해하고 감정을 구분하는 능력을 기를 수 있다.

〈감정 퀴즈〉

교사가 감정 키워드를 제시하면 한 학생은 감정을 표현하는 상황극을 연기하고 다른 학생들은 어떤 감정을 표현한 것인지 정답을 알아내는 퀴즈 활동으로, 전체 활동은 물론 모둠 활동, 짝 활동 등 다양한 형태로 퀴즈 진행이 가능하다. 이를 통해 감정의 표현 방식과 감정을 구분하는 방법을 체험적으로 배우게 된다.

매일 아침(또는 정해진 시간) 교실에 게시된 감정 출석부에 오늘 자신의 감정에 해당하는 감정 어휘에 이름표(또는 스티커, 자석 등)를 붙이도록 한다. 학급 모두가 감정 출석부에 표시하면, 함께 자신의 감정을 설명하고 표현하는 시간을 갖는다. 감정을 설명할 때는 감정의 이름, 감정을 느낀 상황, 감정의 이유를 구체적으로 이야기할 수 있도록 한다.

예시 1: '불안'
감정의 이름: "오늘 나는 '불안'을 느꼈어요."

감정을 느낀 상황: "학교에서 중요한 발표가 있었어요."
감정의 이유: "발표가 잘 안될까봐 걱정되었고, 다른 사람들 앞에서 긴장했
      어요."

예시 2: '행복'
감정의 이름: "오늘 나는 '행복'을 느꼈어요."
감정을 느낀 상황: "가족과 함께 저녁 식사를 했어요."
감정의 이유: "가족 모두가 함께 모여서 맛있는 음식을 먹으며 즐거운 시간
      을 보냈어요."

예시 3: '짜증'
감정의 이름: "오늘 나는 '짜증'을 느꼈어요."
감정을 느낀 상황: "오랜 시간 동안 기다려야 하는 일을 했어요."
감정의 이유: "기다리는 동안 시간이 너무 지체되어서 짜증이 났어요."

예시 4: '안도감'
감정의 이름: "오늘 나는 '안도감'을 느꼈어요."
감정을 느낀 상황: "긴급한 일이 잘 해결되었어요."
감정의 이유: "문제가 잘 해결되어서 걱정이 사라지고 마음이 편안해졌어요."

자신이 경험한 감정을 정확히 표현하는 활동을 통해 감정 조절 능력을 기르
고 자신과 타인의 감정을 인식하고 소통하는 능력을 강화할 수 있다.

● **활동 시 주의사항**

  1. 학급의 학생 수가 많아 매일 모든 학생이 감정을 설명하는 시간을 갖기 어
    려운 경우. 감정 출석부에 이름표는 모두 붙이게 하되 감정 설명하기 발표

는 하루에 3명씩과 같이 학급 상황에 따라 적절한 인원을 설정하여 감정
설명하기를 돌아가며 진행할 수 있다.

2. 감정 어휘를 선택하지 못하는 경우, 학생이 겪은 상황과 느낌을 먼저 설명
   할 수 있도록 하고 이에 알맞은 감정 어휘를 교사 또는 다른 학생들이 찾
   아 감정을 구분할 수 있도록 돕는다.

3. 오늘의 감정을 설명하는 발표를 할 때, 교사가 먼저 오늘 자신의 감정을
   솔직하고 구체적으로 표현하면서 편안한 분위기를 형성하면 발표에 대한
   학생들의 부담을 줄일 수 있다.

4. 이 활동은 자기인식 5 감정 다짐 나무 만들기와 연계하면 효과적이다.

● 관련 성취기준

학년군	과목	성취기준
1~2학년군	국어	[2국01-02] 바르고 고운 말로 서로의 감정을 나누며 듣고 말한다. [2국02-04] 인물의 마음이나 생각을 짐작하고 이를 자신과 비교하며 글을 읽는다.
3~4학년군	도덕	[4도01-01] 자신의 감정을 소중히 여기며 존중하는 태도를 바탕으로 내가 누구인가를 탐구한다. [4도02-03] 공감의 태도가 필요한 이유를 이해하고 도덕적 상상력을 바탕으로 대상과 상황에 따라 감정을 나누는 방법을 탐구하여 실천한다.
	국어	[4국03-04] 목적과 주제를 고려하여 독자에게 마음을 전하는 글을 쓴다.
5~6학년군	영어	[6영02-06] 자신의 감정이나 의견, 경험이나 계획을 간단한 문장으로 표현한다.

자기 인식 5

감정 다짐 나무 만들기

● **학년:** 전학년

● **사회정서학습: 영역** (주: ⊙, 부: ○)

자기 인식	자기 관리	사회적 인식	관계 기술	책임 있는 의사 결정
⊙	○			

● **사회정서학습**(하위 기술)**이 필요한 교실 상황**

하위 기술	감정, 가치, 생각 연결하기
하위 기술이 필요한 교실 상황	학생들은 종종 자신의 감정을 인식하지 못하거나, 감정이 행동에 어떻게 영향을 미치는지 이해하지 못해 부정적인 행동을 반복하는 경우가 있다. 예를 들어, 친구와의 갈등 상황에서 화를 내거나 소리를 지르며 관계를 악화시키는 행동을 보이기도 한다. 이 활동은 다양한 감정을 이해하고, 감정과 행동의 연관성을 분석하며, 그 행동이 긍정적인 결과로 이어질 수 있는 방법을 탐구하도록 돕는다. 감정에 따른 행동의 결과를 평가하고 대안적 행동을 고민하며, 문제 해결 능력과 비판적 사고를 적용해 보다 성숙한 감정 관리 전략을 수립할 수 있다. 이러한 과정을 통해 교실 내에서 감정을 효과적으로 조절하고, 적절한 행동을 선택하여 긍정적인 학습 환경을 조성하는 데 기여할 수 있다.

● **활동 설명**

1. 감정 출석부 나누기

교실 앞에 감정 출석부를 준비한다. 출석부에는 '행복하다', '화난다', '신난다', '설렌다' 등 다양한 감정을 나타내는 표가 있다. 학생들은 각자 주어진 상황에 맞는 감정을 선택해 이름표를 해당 감정 아래에 붙인다. 간단히 "왜 이 감정을 느꼈는지", "그 감정으로 인해 어떤 행동을 했는지"를 이야기하며 자신의 경험을 나눈다. 이후, 모둠별로 나뉘어 각 학생의 감정과 행동이 어떤 결과를 가져왔는지 함께 분석한다. 이 과정에서 학생들은 "이 행동이 더 나은 결과를 가져올 수 있었을까?"라는 질문을 던지며, 대안을 고민하게 된다. 예를 들어, "화가 났을 때 소리를 질렀더니 친구와 다투게 되었어요."라는 경험을 공유하고, "그 대신 어떻게 감정을 표현했으면 좋았을까요?"를 논의하며 대처 방법을 찾아간다.

2. 감정과 행동 연결하기

학생들은 자신의 경험을 돌아보며 자주 느끼는 감정을 떠올리고, 그 감정이 어떤 행동으로 이어졌는지 작성한다. 감정과 행동을 연결한 뒤, 자신의 행동이 긍정적인 결과를 낳았는지 아니면 부정적인 결과를 낳았는지 스스로 평가한다. 각 학생은 작성한 내용을 바탕으로 행동을 긍정적으로 바꿀 수 있는 대안을 작성하며 "감정 행동 루틴"을 완성한다. 예를 들어, "화가 났을 때 소리를 지르는 대신, 심호흡을 하고 상대방에게 차분히 감정을 이야기한다"와 같은 구체적인 행동 루틴을 만들 수 있다.

3. 감정 나무에 다짐 매달기

학생들은 작성한 감정 행동 루틴 중 가장 중요한 다짐을 나무 모양의 원판이나, 붙임 쪽지에 적는다. 자신의 다짐을 교실에 준비된 감정 나무에 매달고, 다짐 나무는 교실 한쪽 벽에 설치하여 학생들이 매일 확인할 수 있도록 한다.

● 활동 사진

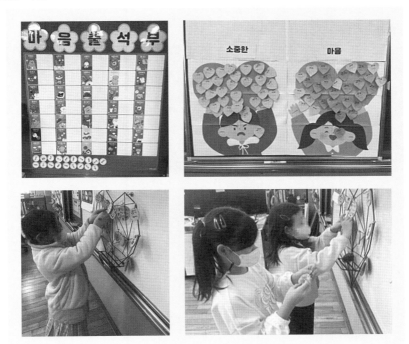

● 활동 시 주의사항

1. 학생들이 선택한 감정에 대해 서로의 의견을 존중하고, 다양한 감정 표현을 비판하지 않도록 지도한다.
2. 감정 행동 루틴 작성 시 구체적이고 실현 가능한 행동 대안을 찾도록 교사가 적극적으로 지도한다.
3. 학생들이 솔직하게 자신의 감정과 행동을 탐구할 수 있도록 격려하며, 긍정적인 변화에 중점을 둔다.
4. 활동 후 학생들이 배운 내용을 일상생활에 적용할 수 있도록 독려하고, 후속 활동을 통해 지속적인 감정 인식을 강화한다.

5. 이 활동은 자기인식 4 감정 출석부에 연계하여 활동하면 효과적이다.

● 관련 성취기준

학년군	과목	성취기준
1~2학년군	통합	[2바01-02] 나를 이해하고 존중하며 생활한다.
3~4학년군	도덕	[4도01-01] 자신의 감정을 소중히 여기며 존중하는 태도를 바탕으로 내가 누구인가를 탐구한다.
5~6학년군	도덕	[6도01-02] 생활 습관에 대한 성찰을 통해 자기 생활을 점검하고 올바른 계획을 세워 이를 실천한다.

학급 퍼즐 만들기

● 학년: 5~6학년

● 사회정서학습: 영역 (주: ⊙, 부: ○)

자기 인식	자기 관리	사회적 인식	관계 기술	책임 있는 의사 결정
⊙			○	

● 사회정서학습(하위 기술)이 필요한 교실 상황

하위 기술	자기 효능감 경험
하위 기술이 필요한 교실 상황	학년 초, 학생들은 새로운 학급에 적응하기 위해 치열하게 노력한다. 이러한 노력은 낯선 친구에게 말을 걸거나 친구의 반응을 살피는 모습으로 나타나며, 교사는 자연스럽게 학생들이 여러 친구를 만나는 상황을 제공할 필요가 있다. 학생들은 공동의 목표를 달성하기 위해 스스로 협력하며 그 과정에서 자기 효능감을 경험하며 나아가 학급에 대한 자연스럽고도 끈질긴 소속감을 가질 수 있다.

● 활동 설명

　* 이 활동은 짧게는 10차시, 길게는 16차시 정도 소요되며 미술이나 창의적 체험 활동 시간을 활용할 수 있다.

　1. 퍼즐 모양과 위치 정하기

　가장 먼저 교사가 주도하여 퍼즐의 모양을 정한다. 예컨대 30명이라면 가로로 긴 3×10 퍼즐을 만들 수 있다.

1	2	3	4	5	6	7	8	9	10
11	12	13	14	15	16	17	18	19	20
21	22	23	24	25	26	27	28	29	30

교사는 각각의 학생에게 퍼즐을 한 조각씩 부여한다. 이때 주의할 점은 맞닿는 면이 4개로 가장 많은 퍼즐인 12번부터 19번까지의 퍼즐을 수행 능력이 가장 뛰어난 학생에게 맡기는 것이다. 또한 수행 능력이 부족한 학생들에게는 맞닿는 면이 2개로 가장 적은 퍼즐인 1번, 10번, 21번, 30번을 맡긴다.

2. 퍼즐 디자인 합의하기

퍼즐을 만들 때는 볼록한 부분과 오목한 부분을 활용한다. 주의해야 할 것은 내가 만든 볼록한 모양이 옆에 있는 오목한 부분과 일치해야만 한다는 것이다. 따라서 학생들은 나의 조각과 맞닿아 있는 조각을 담당하는 친구와 반드시 협력해야 한다. 15번 조각을 맡은 학생은 위쪽의 5번, 왼쪽의 14번, 오른쪽의 16번, 아래쪽의 25번 조각을 맡은 학생들과 볼록하고 오목한 모양을 맞추며 조각을 만들어 나가야 하는 것이다.

3. 퍼즐 제작

퍼즐을 만들 때는 딱딱한 재료를 사용하는 편이 낫다. 하드보드지를 활용하거나 택배 박스를 발로 밟아 평평하게 만들어 사용할 수 있다. 하지만 퍼즐의 볼록하고 오목한 부분을 자르는 작업을 할 때, 초등학생 수준에서 칼 또는 가위의 사용이 어려운 점이 있기 때문에 반드시 주의해야 한다. 이러한 점이 염려되는 경우, 조금 더 얇은 종이류를 활용하여 약식으로 진행할 수 있다.

4. 퍼즐 그림 합의하기

퍼즐을 제작한 후에는 어떤 그림을 그리면 좋을지 학생들이 합의하도록 한다. 학생의 다양한 의견을 바탕으로 그림의 컨셉이나 색감 등을 통일하고 그에 맞추어 어떤 물건이나 배경을 그릴지 학생이 스스로 결정하도록 열어 둔다. 미술을 잘하거나 재능이 있는 학생에게 책임감을 심어 주는 것도 좋은 방법이다.

5. 퍼즐 그림 그리기

친구와 합의한 그림을 각자가 그릴 때는 퍼즐의 특성을 기억해야 한다. 퍼즐은 이어진 그림을 보고 유추하는 것이 중요하다. 따라서 교사는 학생들이 그림을 그릴 때 반드시 친구와 퍼즐을 맞춘 상태에서 잘려진 선 위로 하나 이상의 그림을 그리도록 지도해야 한다.

6. 퍼즐 맞추기

퍼즐을 모두 완성한 후에는 팀을 만들어 퍼즐 빨리 맞히기 대결을 하거나 쉬는 시간에 옆 반 친구들을 초대하여 맞추게 할 수도 있다. 이러한 과정에서 긍정적인 소속감이 생겨나기도 한다.

● 활동 사진

● 활동 시 주의사항

1. 자기 효능감과 소속감을 키우기 위한 활동이기 때문에 교사는 미술 능력 보다는 협력하는 자세와 할 수 있다는 마음가짐에 초점을 맞추어 지도한다.
2. 시간이 오래 걸리더라도 학급에 색깔을 씌우는 작업이라고 생각하고 학생들이 느긋하게 몰입할 수 있는 환경을 제공해야 한다.
3. 퍼즐의 볼록하고 오목한 모양과 정도에 따라 난이도를 조절할 수 있다.

● 관련 성취기준

학년군	과목	성취기준
1~2학년군	통합	[2바02-03] 차이나 다양성을 서로 존중하면서 생활한다.
3~4학년군	도덕	[4도02-02] 친구 사이의 배려에 대한 올바른 이해를 바탕으로 일상생활에서 배려에 기반한 도덕적 관계를 맺을 수 있는 방안을 탐색한다.
5~6학년군	미술	[6미02-04] 주제 표현에 의지를 갖고 표현 과정을 돌아보며 작품을 발전시킬 수 있다.
	도덕	[6도02-02] 편견이 발생하는 이유를 탐색하여 해결 방안을 살펴보고, 다양성 존중을 바탕으로 다른 사람과 올바른 관계를 맺기 위한 실천 방안을 탐구한다.

강점 어플리케이션 만들기

● **학년:** 전학년

● **사회정서학습:** 영역 (주: ⊙, 부: ○)

자기 인식	자기 관리	사회적 인식	관계 기술	책임 있는 의사 결정
⊙	○			

● **사회정서학습**(하위 기술)**이 필요한 교실 상황**

하위 기술	개인 문화 및 언어 자산 식별
하위 기술이 필요한 교실 상황	종종 스스로 잘하는 것이 없다고 생각하며 자신감이 부족한 학생들이 많다. 그래서 모둠 수업을 할 때 쉬운 역할을 줘도 어렵다고 말하고, 새로운 것을 시작하기 싫어해 수업 진행을 힘들게 하는 학생들이 있다. 이 활동은 내가 가진 강점이 무엇인지 생각하고, 그 강점을 학생들에게 익숙한 스마트폰 앱으로 만드는 활동이다. 강점을 인식하고 그 강점을 시각적으로 표현하면서, 내가 가진 강점을 명료화하는 데에 그 목적이 있다.

● **활동 설명**

1. 강점 찾기

강점은 장점과 비슷하면서 다르다. 장점은 가지고 있는 긍정적인 점이라면, 강점은 가지고 있는 뛰어난 능력이나 자질을 말한다. 그래서 학생들에 내가 좋아하는 것이 아니라, 잘하는 것이 무엇인지 생각해 보게 한다. 학생들이 강점을 찾기 어려워한다면, 만들기나 노래 부르기 등 구체적인 예를 제시하는 것이 좋다.

2. 강점을 활동지에 적기

1번에서 생각한 강점을 활동지에 적는다. 이때, 문장보다는 단어로 적는 것이 좋다. 스스로 생각했을 때 가장 큰 강점이라고 생각되는 것을 먼저 적도록 안내한다.

3. 강점을 시각화하기

강점을 간단한 그림으로 시각화한다. 강점이 잘 나타날 수 있도록 특징을 살려 간단하게 그리도록 한다. 그리고 연필보다는 네임펜이나 사인펜으로 그리도록 하면, 특징이 잘 드러날 수 있다.

● 활동 사진

● 활동 시 주의사항

1. 강점과 장점을 구분하는 것은 쉽지 않으므로, 좋아하는 것보다 잘하는 것을 적도록 안내하면 강점을 떠올리기 좋다.
2. 9개의 강점을 떠올리기 어려워하는 학생에게는 꼭 9개를 다하지 않아도 됨을 안내한다.

● 관련 성취기준

학년군	과목	성취 기준
1~2학년군	통합	[2슬01-02] 나를 탐색하여 나에 대해 설명한다.
3~4학년군	도덕	[4도01-01] 자신의 감정을 소중히 여기며 존중하는 태도를 바탕으로 내가 누구인가를 탐구한다.
5~6학년군	도덕	[06도01-03] 자기가 하고 싶은 일을 선택할 때 도덕적 고려의 필요성을 알고 자신의 특기와 적성을 탐색하여 진로계획을 수립한다.

자기 관리

자기 관리: 건강하고 자기 주도적인 삶을 위해

현대 사회에서 학생들은 많은 과목과 활동을 통해 학업을 성취하길 요구받으며, 타인과 비교하는 것에 대한 스트레스와 경쟁하는 것에 대한 불안도가 높아지고 있습니다. 이런 사회에서 학생들은 건강한 삶을 계획하고, 스스로의 학습에 대한 목표를 설정하며 관리하는 법을 배울 필요가 있습니다. 초등학생은 자신에 대해 이해하기 시작하며, 좀 더 넓은 관계를 형성하기 시작합니다. 본인의 감정을 조절하고, 적절하게 표현하는 것은 교우 관계를 형성하고 유지하는 데 중요한 역할을 합니다. 또한, 빠르게 변화하는 디지털 사회에서 다양한 정보를 관리하고 적절히 선택하여 활용하는 능력도 요구받고 있습니다. 따라서 이러한 스트레스와 감정들을 관리하고, 자기 행동의 방향성과 삶의 목표를 적절하게 설정하는 것은 학생들의 건강한 삶에 필요합니다.

우리나라의 교육과정에서도 자기 관리에 대해 살펴볼 수 있습니다. 초등학교 교육은 학생의 일상생활과 학습에 필요한 기본 습관 및 기초능력을 기르고 바른 인성을 함양하는 것을 목표로 합니다. 학교에서는 학생의 건강한 생활을 위해 스스로의 행동을 성찰하며 일상의 규칙과 질서를 지키며 행동할 수 있도록 지도합니다. 그리고 다양한 학습 경험을 제공하며 꿈과 목표를 설정하고 이를 키울 수 있도록 돕습니다. 또한 배려와 존중을 바탕으로 자신의 생각과 감정을 표현하는 방법을 익힐 수 있도록 하여 긍정적인 대인 관계 형성 과정을 경험하도록 합니다. 이처럼 학교에서는 학생이 삶과 진로를 스스로 설계하며, 이에 필요한 기초 능력과 자질을 갖추어 자기 주도적으로 살아갈 수 있는 역량을 갖추도록 자기 관리를 중요하게 생각하고 있습니다.

자기 관리를 왜 가르쳐야할까?

자기 관리는 개인이 자신의 감정, 행동, 목표를 효과적으로 조절하고 관리하는 능력을 말합니다. 자기 관리를 통해 자신이 느끼는 감정을 조절하고 표현하는 방법을 적절하게 선택하여 행동합니다. 또한 긍정적인 행동을 선택하며, 스스로에게 필요한 목표를 설정하고 달성할 수 있습니다.

초등학생은 시간이나 감정 등을 스스로 관리하거나 조절하는 경험이 적으며 자기 주도적인 모습이 부족합니다. 이는 학생이 사회적 상호 작용을 하거나 학습적인 면에서 성장하고 발전하는 데 중요한 영향을 미칠 수 있습니다. 따라서 학교와 가정에서는 학생의 긍정적이고 주체적인 성장을 위해 자기 관리 능력을 키울 수 있도록 지원해 주어야 합니다.

초등학생에게 자기 관리가 필요한 이유는 다음과 같습니다. 첫째, 학생들의 기본적인 생활 습관을 형성할 수 있습니다. 시간 관리, 개인위생, 정리 정돈 등의 습관은 성장 과정에서 기본적이고 중요한 역할을 합니다. 자기 스스로 해야 할 일을 해결함으로써 책임감을 가질 수 있습니다. 둘째, 학습 능력을 향상할 수 있습니다. 자신이 알고 있는 것과 모르는 것을 파악할 수 있으며, 이를 바탕으로 자신에게 맞는 목표와 필요한 계획을 세울 수 있게 됩니다. 이 목표를 포기하지 않고 동기를 찾아 유지하며, 목표를 성취한 성취감을 얻을 수 있습니다. 성취감을 통해 자신감과 자존감을 길러 주어 결과적으로 자기 주도적인 학습에 긍정적인 영향을 미칩니다. 셋째, 사회적 기술을 개발하고 관계 형성에 도움이 됩니다. 자신의 감정을 이해하고 조절하는 과정을 통해 스트레스나 불안 상황에 대한 대처 능력이 높아져 정서적 안정감을 느낄 수 있습니다. 자신의 감정과 행동을 조절하는 것은 타인을 배려하고 존중하는 방법으로 이어져 긍정적인 대인 관계를 형성하는 데 도움이 됩니다.

이러한 자기 관리에 대한 학습은 학생이 성장하면서 마주할 다양한 도전 과제를 스스로 극복하고, 더 나은 미래를 준비하는 데 많은 도움이 됩니다. 또한 전인적 발달을 통해 학교 생활뿐만 아니라 사회에서도 잘 적응하고 성장할 수 있습니다.

자기 관리로 인한 변화

자기 관리는 학생들의 삶에 여러 가지 장기적인 영향을 미칩니다. 먼저, 다양한 신체적 건강과 관련된 운동이나 식습관 등은 장기적으로 건강한 삶을 유지하는 데 중요한 역할을 합니다. 그리고 스트레스 관리와 감정 조절 능력을 통해 우울증이나 불안장애와 같은 문제를 예방하는 데에 도움이 되어 성인이 되어서도 정신 건강을 유지할 수 있습니다. 다음으로, 자기 관리 능력이 향상되면 목표 설정과 시간 관리, 우선순위 정하기 등의 기술을 통해 학업 성취도가 높아집니다. 이는 학교 진학 및 직업적 성공과도 연계되며, 직업을 가진 뒤 평생 학습 태도에도 영향을 미칩니다. 학생이 성인이 되어서도 스스로 필요한 부분을 학습하고 성장하는 데 필요한 태도를 갖게 되는 것입니다. 마지막으로, 높은 자기 관리 역량은 대인 관계에서도 꾸준히 긍정적인 영향을 미칩니다. 더 나은 의사소통과 갈등 해결 능력을 통해 협력적 문제 해결과 긍정적인 관계 형성을 할 수 있습니다. 더 나아가 스스로 윤리적인 결정을 내릴 수 있게 되어 책임감 있는 행동을 바탕으로 건강하고 안전한 사회를 만드는 데 기여할 수 있습니다. 이러한 자기 관리는 학생이 성인이 되어서도 삶의 방향이 되어 개인과 사회에 긍정적인 영향을 미치며, 나 스스로 지속해서 성장할 수 있는 기반을 마련해 줄 것입니다.

실패해도 괜찮아! 나의 실패 상자 만들기

- 학년: 1학년

- 사회정서학습: 영역 (주: ⊙, 부: ○)

자기 인식	자기 관리	사회적 인식	관계 기술	책임 있는 의사 결정
○	⊙			

- 사회정서학습(하위 기술)이 필요한 교실 상황

하위 기술	솔선수범하는 용기 보여 주기
하위 기술이 필요한 교실 상황	학생들은 실패하는 것을 두려워한다. 자신이 무언가를 발표했을 때 정답이 아닐까봐, 어른한테 혼이 날까봐, 친구들 앞에서 부끄러울까봐 하기 전부터 겁을 먹고 아예 시도조차 안하는 학생이 있다. 더 이상 '실패를 두려워하는 마음'을 없애 '실패에 대한 인식'을 새롭게 가지고, 무엇이든 용기 내어 시도할 수 있도록 도와주기 위해 그림책 '실패 가족'을 읽고 나만의 실패 상자 만들기 수업을 구상했다.

- 활동 설명

1. 〈실패 가족〉 읽기 전 내용 추측하기

그림책의 제목부터 보여 주며 이 책은 어떤 내용인지 짐작해 보도록 한다. '무언가를 실패해서 실패 가족이라고 부르는 것 같아요.', '실패라는 안 좋은 말을 가족 앞에 붙이다니 너무한 것 같아요.' 등 다양한 반응을 확인할 수 있다. 학생들이 기존에 갖고 있는 '실패'라는 단어에 대한 생각을 물어보며 책읽기 활동 전 동기유발을 한다.

2. 〈실패 가족〉 그림책 읽기

그림책 속에는 '실패를 밥 먹듯이 하는 가족'이 나온다. 테니스를 좋아하지만 한 번도 경기에서 이겨 본 적이 없는 아빠, 옷 만들기를 좋아하지만 매번 우스꽝스러운 옷만 만들어 내는 엄마, 개그맨이 꿈이지만 듣는 사람이 하품 나올만큼 재미없는 말만 하는 형, 그리고 야구를 좋아하지만 헛스윙으로 삼진 당하고 주눅든 주인공 상심이. 상심이는 실패가 늘 두려워 '절대 실패하지 않는 비법'을 만든다. 잘하지 못할 것같은 건 아예 시도하지도 않고, 확실하게 잘할 수 있는 것만 시도한다. 그러다 아빠의 손에 잡힌 물집 이야기를 듣는다. "실패는 이 물집 같은 거야. 쓰라리고 아프지만 이 물집을 볼 때마다 뿌듯해. 이건 내가 테니스 연습을 열심히 했다는 증거거든." 그리고 엄마의 '실패 상자' 이야기를 들으며 상심이는 실패에 대해 새롭게 생각하게 되며 자신만의 실패 상자를 만들게 된다. '실패는 그만큼 내가 무언가를 도전했다는 증거'라는 새로운 생각을 갖게 된 학생들은 용기 내어 하나둘씩 '자신의 실패했던 경험'을 발표한다. "저는 어릴 때 항상 두발 자전거를 타다가 넘어졌어요. 그렇지만 이제는 잘 탈 수 있어요.", "저는 공기놀이를 하는게 어려워요. 지금도 잘하지 못해요." 다양한 실패 경험을 나누며 서로 공감하고, 도전해 온 그 과정 자체를 격려하는 시간을 가질 수 있다.

3. 실패 상자 만들기

그림책 속 엄마의 실패 상자처럼, 학생들 또한 자신의 실패했던 일들을 적은 '실패 상자'를 만들어 본다. 실패 상자 도안을 꾸미고, 색종이 1장을 원하는 만큼의 개수 조각으로 나눠서 자른다. 실패했던 일을 하나씩 적어본 다음, 풀칠 후 조립해 실패 상자를 만든다.

4. 활동 소감 나누기

학생들과 함께 '실패에 대한 생각'을 다시 나눈다. 처음과 다르게 "실패는 멋진 거예요. 다양한 걸 해 본 거니까 용기 있는 거예요.", "저는 실패하는게 두려웠는데 앞으로는 더 많이 실패해야겠다고 생각했어요." 등 실패에 대한 인식이 긍정적으로 바뀐 것을 알 수 있다. 꼭 성공하는 것만이 중요하고 멋진게 아니며, 실패할 수 있는 용기를 가지고 계속 무엇이든 도전해 나가는 사람이 되길 바란다고 격려하며 수업을 마무리한다.

● 활동 사진

● 활동 시 주의사항

1. 실패 상자를 만들 때 학생들이 바로 떠올리기 어려워할 수 있으므로 교사가 학생들이 발표하는 것들을 적어 주며 서로의 '실패 경험'을 참고하여 생각을 풍부하게 할 수 있도록 돕는다.
2. 실패 상자 안을 가득 채우고 싶어서 '아직 해 보지도 않았는데 실패할 것 같은 것'을 적는 학생이 종종 있다. 명확하게 실패 상자의 의미를 설명하

여 상자 채우기에 과열되지 않고 진지하게 참여할 수 있도록 유도한다.

● 관련 성취기준

학년군	과목	성취기준
1~2학년군	통합	[2바02-04] 새로운 활동에 호기심을 갖고 도전한다.
3~4학년군	도덕	[4도01-03] 성실한 생활의 모범 사례를 탐색하고 시간 관리를 위한 생활을 계획하여 지속적인 자기 성장을 모색한다.
5~6학년군	도덕	[6도01-02] 생활 습관에 대한 성찰을 통해 자기 생활을 점검하고 올바른 계획을 세워 이를 실천한다.

질문 내기 놀이

● 학년: 2학년

● 사회정서학습: 영역 (주: ⊙, 부: ○)

자기 인식	자기 관리	사회적 인식	관계 기술	책임 있는 의사 결정
○	⊙			

● 사회정서학습(하위 기술)이 필요한 교실 상황

하위 기술	개인 집단적 주체성 보여 주기
하위 기술이 필요한 교실 상황	책과 멀어져 있고, 영상 매체에 익숙해져 있는 학생들이 많다. 짧고 자극적이고, 내용을 입력시켜 주는 영상으로부터 떨어져서 스스로 생각하는 능력과 집중력을 높이는 도움이 필요해 보인다. 따라서 온 책읽기나 교과서에 실린 이야기 등 종이로 된 글을 학생들 스스로 읽어 볼 시간을 제공한다. 그리고 내용을 제대로 파악했는지 질문 만들기 놀이를 통해 학생들 스스로 내용을 파악하며, 스스로 생각하는 습관을 길러줄 수 있다. 또한 질문 놀이를 통해 필요한 질문을 만들 줄 알고, 타인을 배려하며 말하는 방법도 실천할 수 있다.

● 활동 설명

1. 이야기 읽기

온 책읽기나 교과서에 실린 이야기 등 반 학생들 모두가 함께 읽을 수 있는 이야기를 가지고 활동한다. 공통된 이야기를 읽어야 다음 활동을 이어갈 수 있다. 학생들에게 스스로 이야기를 읽을 시간을 준다. 다 읽고 시간이 남은 학생에게는 마음에 드는 장면을 찾으며 다시 읽어 보기, 장면 상상하며 다시 읽어 보기, 어떤 질문을 만들지 생각하며 다시 읽어 보기 등의 미션을 추가로 제공한다.

책은 한 번 읽었다고 끝나는 것이 아니라 여러 번 읽을수록 새로운 장면도 발견할 수 있고, 새로운 느낌을 받을 수 있다는 것을 알려준다. 이야기 읽는 시간이 끝나면 간단하게 주인공과 중심 내용을 함께 이야기 나눈다.

2. 질문 만들기

이야기에 대한 자세한 내용을 파악할 수 있도록 질문을 만드는 시간을 갖는다. 먼저 '사실 확인 질문'으로 이야기에서 답을 찾을 수 있는 내용으로 질문을 3~5개정도 만들도록 안내한다. '주인공은 누구인가요?', '주인공이 무엇을 하고 있나요?', '주인공이 언제 집으로 갔나요?' 등 누가, 언제, 어디서, 무엇을, 어떻게 등과 관련된 질문으로 만들 수 있다. 또는 이때 질문만 만드는 것이 아니라, 답도 적어 보도록 하면 이야기에서 나의 질문에 대한 답을 찾을 수 있는지 스스로 확인시킬 수 있다.

3. 질문 내기 놀이하기

학생들이 만든 질문을 가지고 질문 내기 놀이를 진행한다. 교실을 돌아다니며 만난 친구와 가위바위보를 하고, 이긴 친구가 질문을 하나 골라 문제로 낸다. 질문의 정답을 맞추면 '내용을 잘 기억했다'는 의미로 질문을 낸 친구가 맞힌 친구에게 스티커를 하나 주고, 정답을 맞힌 친구도 '좋은 질문이다'는 의미로 질문을 낸 친구에게 스티커를 하나 준다. 주어진 시간동안 여러 친구를 만나며 스티커를 많이 모아 본다. 질문 놀이를 통해 다른 사람이 맞출 수 있는 질문, 필요한 내용이 담긴 질문을 할 수 있어야함을 느낄 수 있다.

4. 질문 공유하기

질문 내기 놀이를 끝내면 좋았던 질문, 기억에 남는 질문을 공유해 본다. 예를 들어 '○○이의 ~질문이 기억에 남았어요.'라고 발표한다. 발표 중 공감되거나 멋지다고 생각되는 질문이 있다면 공책에 기록하도록 안내한다. 좋은 질문을 옮겨 써 보는 것으로도 배움이 일어난다.

● 활동 사진

● 활동 시 주의사항

1. 질문 만들기를 어려워하는 학생에게는 이야기에서 누가 나왔는지, 어떤
   일이 있었는지, 인상 깊은 장면은 어떤 것인지 물어보고 그것을 바탕으로
   답을 먼저 적어 보도록 한다. 그 답을 위해 어떤 질문을 해야하는지 거꾸

로 이야기 나누면 질문을 만드는 것을 도울 수 있다.

2. 친구들과 질문 내기 놀이 시간에 놀거나 소외되는 학생이 없도록 주의시킨다. 질문을 잘 내고, 대답을 장난스럽게 하지는 않는지 확인할 필요도 있다.

3. 공유하는 시간에 '○○이의 질문이 기억에 남아요'만 이야기하면 진심으로 질문을 추천하는 것이 아니라 그냥 친한 친구 이름만 장난식으로 언급하는 방향으로 흐를 수 있다. 그래서 꼭 어떤 질문인지 대략적으로 기억해서 추천할 수 있도록 안내하는 것이 필요하다.

4. 이 활동은 사회적 인식 1 만약 나라면 활동과 연계하면 효과적이다.

● 관련 성취기준

학년군	과목	성취기준
1~2학년군	국어	[2국01-03] 상대의 말을 집중하여 듣고 말차례를 지키며 대화한다. [2국02-03] 글을 읽고 중심 내용을 확인한다. [2국02-05] 읽기에 흥미를 가지고 즐겨 읽는 태도를 지닌다.
3~4학년군	국어	[4국01-03] 상황에 적절한 준언어·비언어적 표현을 활용하여 듣고 말한다. [4국01-04] 상황과 상대의 입장을 이해하고 예의를 지키며 대화한다. [4국04-05] 언어가 의사소통과 관계 형성의 수단임을 이해하고 국어를 소중히 여기는 태도를 지닌다.
5~6학년군	국어	[6국01-03] 주제와 관련하여 궁금한 내용을 질문하며 적극적으로 듣고 말한다.

시간 관리를 위한 루틴 만들기

● 학년: 3학년

● 사회정서학습: 영역 (주: ⊙, 부: ○)

자기 인식	자기 관리	사회적 인식	관계 기술	책임 있는 의사 결정
○	⊙			

● 사회정서학습(하위 기술)이 필요한 교실 상황

하위 기술	계획 및 조직 기술 사용
하위 기술이 필요한 교실 상황	자기 관리에 있어 가장 중요한 사항은 시간 관리다. 학생들이 숙제를 못했을 때 흔히 '시간이 없었다.'고 변명한다. 시간을 관리할 때는 중요한 내용과 불필요한 내용을 분리하여 우선순위를 정해야 한다. 또한 의사 결정을 할 때 너무 많은 에너지와 시간이 소비되어서는 안된다. 이 두 가지를 고려한 루틴을 세운다면 시간 낭비를 줄이며 의사 결정을 할 때 에너지 낭비를 줄일 수 있다.

● 활동 설명

1. 하루 일과 브레인스토밍하기

아침에 눈을 뜨고 다시 잠자리에 들기까지 모든 행동을 백지에 브레인스토밍하여 써 본다. 브레인스토밍한 모든 사항들에 생리적 활동(휴식, 수면, 식사, 위생 등)에 검은색 동그라미, 발전적 활동(공부, 수업, 학원, 숙제, 운동 등)에 파란색 동그라미로 구분한다.

2. 빈 병에 물건 넣기 - 우선순위 생각하기 활동

1) 빈 병(어항, 수조 등), 구슬, 콩, 모래를 준비한다.

2) 빈 병에 구슬을 먼저 절반이 차도록 넣고 콩을 남은 절반에 넣고 흔든다. 그 다음 모래를 빈 병에 넣어 가득 채운다.

3) 다시 모든 물건들을 뺀 다음 모래부터 넣고 콩을 넣고 구슬을 넣는 순서로 순서만 변경하여 넣어 본다.

4) 구슬은 매우 중요한 일, 콩은 조금 중요한 일, 모래는 사소한 일이라고 했을 때, 어떻게 넣어야 빈 병에 더 많이 넣을 수 있을지 고민하며 우선순위의 중요성에 대해 생각해 본다.

3. 루틴 만들기

브레인스토밍한 활동을 하루 24시간 계획표에 우선순위를 고려하여 넣으며 루틴을 짠다. 이때 아침 자습 시간에 하루 중 해야할 중요한 일을 정리하는 체크리스트(알림장)쓰기 활동을 넣는다. 자신의 루틴을 아침에 짜고 수시로 점검하며 해야할 일을 지운다.

4. 루틴 점검하기

아침 활동 시간에 자신의 어제 체크리스트를 점검하고 오늘 할 일을 계획한다. 종례 시간에 오늘 한 일과 종례 후 해야 할 일을 점검한다.

● 활동 사진

● 활동 시 주의사항

1. 루틴을 세울 때 생리적 활동과 공부, 학원 등 고정적인 시간은 그대로 두고 매일 활용 가능한 시간을 어떻게 사용할지 생각해 보도록 지도한다.

2. 계획을 세우고 점검하는 시간을 루틴에 포함하여 계획을 점검하는 기술에 수업 목표를 두고 지도한다.

3. 성공한 과업은 줄로 그어 지우고 실패한 과업은 다음날 과업에 추가하여 해결하도록 지도한다.

4. 빈 병에 넣는 물건은 모래, 자갈, 구슬 등 크기가 다른 물체로 대체할 수 있으며 빈 병도 수조나 어항 등으로 대체할 수 있다.

● 관련 성취기준

학년군	과목	성취기준
1~2학년군	통합	[2바01-01] 학교 생활 습관과 학습 습관을 형성하여 안전하고 건강하게 생활한다.
3~4학년군	도덕	[4도01-03] 성실한 생활의 모범 사례를 탐색하고 시간 관리를 위한 생활을 계획하여 지속적인 자기 성장을 모색한다.
5~6학년군	도덕	[6도01-02] 생활 습관에 대한 성찰을 통해 자기 생활을 점검하고 올바른 계획을 세워 이를 실천한다.

나만의 방학 숙제

● 학년: 1~6학년

● 사회정서학습: 영역 (주: ⊙, 부: ○)

자기 인식	자기 관리	사회적 인식	관계 기술	책임 있는 의사 결정
	⊙			

● 사회정서학습(하위 기술)이 필요한 교실 상황

하위 기술	끈기 발휘하기
하위 기술이 필요한 교실 상황	나만의 방학 숙제 활동은 목표 설정 단계부터 과제 수행 및 완수의 단계까지 학생 스스로 계획하고 실천함으로써 끈기, 즉 끝까지 완수하는 능력을 강화시킬 수 있다. 특히 평소 끈기가 부족하여 어려움이 생기면 과제를 쉽게 포기하는 학생이나 스스로 학습을 계획하거나 실천하는 자기 주도 학습 능력이 부족한 학생에게 효과적이다.

● 활동 설명

1. 목표 설정

방학 동안 어떤 과제를 수행할지 스스로 정해 구체적인 계획을 세우는 단계이다. 평소 흥미 있는 분야의 과제, 방학 동안 향상 및 보완이 필요한 분야, 새롭게 도전해 보고 싶은 활동 등 자유롭게 활동 주제를 선택할 수 있도록 한다. 이때, 활동 주제 선택을 어려워하는 학생에게는 교사가 분야를 정해 주거나 활동 키워드를 제시하여 도움을 줄 수 있다.

활동 주제를 선택한 후에는 과제 수행을 위한 구체적인 실천 계획을 세우도

록 한다. 예를 들어, 활동 주제를 '위인전 읽기'로 정하였다면, '방학 동안 위인
전 10권 읽기' → '1주일에 위인전 2권 이상 읽기' → '매일 30분씩 위인전 읽기'
와 같이 단계적으로 계획을 세워 목표를 구체화하도록 한다.

2. 실천(과제 수행)

목표 설정 단계에서 세운 계획에 따라 방학 기간 동안 꾸준히 스스로 선택한
과제를 수행하는 단계로, 중간에 포기하지 않고 끈기 있게 과제를 완수하기 위
해서는 수행 과정을 꾸준히 기록하는 것이 중요하다. 매일 과제 실천 여부 및 진
행 상황을 한 줄 일기, 체크리스트 활동지, 사진 등 다양한 방법을 활용하여 실
천 과정을 기록하도록 한다. 이때, 온라인 학급 SNS 매체를 활용하여 과제 수행
과정을 기록하도록 하면, 학생들의 과제 수행 여부 및 과정을 주기적으로 확인
하여 점검하고 피드백을 제공할 수 있다.

3. 결과 공유 및 성찰

나만의 방학 숙제 발표회 열어 방학 동안 실천한 과제의 결과물을 공유하며
과제 수행 과정 전반을 성찰하는 마무리 단계다. 완수한 과제의 결과물이나 과
제 수행 기록을 학급 친구들에게 발표하고, 활동 과정에서 느낀 점, 배운 점, 어
려웠던 점, 개선할 점 등 소감을 나누며 성찰하도록 한다.

● 활동 사진

● 활동 시 주의사항

    1. 반드시 학생이 방학 동안 꾸준히 실천 가능한 활동 주제 및 목표를 설정
      하도록 한다. 과도하게 큰 목표나 구체적이지 않은 목표를 설정하면 과제

를 수행하는 과정에서 쉽게 포기하게 되므로, 끝까지 완수할 수 있는 수준의 목표를 세울 수 있도록 교사가 선정 과제를 점검하여 학생에게 피드백을 제공한다.

2. 과제의 결과물이나 성과보다는 끝까지 완수하는 과정 자체에 의의를 두도록 한다. 방학 기간 중 과제 수행을 못한 날이 생기거나 계획대로 진행되지 않을 때, 실패했다고 생각하고 포기하는 경우가 생길 수 있다. 모든 과정을 완벽하게 해내야 한다는 압박감을 느끼기보다는 '다음 날 다시 시작하기', '계획을 새롭게 조정하기' 등 유연한 마음가짐을 가질 수 있도록 독려하여 완수 과정 자체를 인정하며 긍정적인 경험을 갖도록 한다.

● 관련 성취기준

학년군	과목	성취기준
1~2학년군	통합	[2바03-01] 하루의 가치를 느끼며 지금을 소중히 여긴다. [2바04-04] 지금까지의 생활 습관과 학습 습관을 되돌아본다.
3~4학년군	도덕	[4도01-03] 성실한 생활의 모범 사례를 탐색하고 시간 관리를 위한 생활을 계획하여 지속적인 자기 성장을 모색한다.
5~6학년군	도덕	[6도01-01] 자주적인 삶에 대한 이해를 바탕으로 자신의 생활 계획을 세우고 실천하여 주체적인 삶의 태도를 기른다. [6도01-02] 생활 습관에 대한 성찰을 통해 자기 생활을 점검하고 올바른 계획을 세워 이를 실천한다.
	실과	[6실01-02] 건강한 발달을 위한 자기 관리 방법을 탐색하고, 일상생활 속에서 올바른 생활 습관과 태도를 갖도록 계획하여 실천한다.

미덕 목표를 담은 일력 만들기

● 학년: 1~6학년

● 사회정서학습: 영역 (주: ◉, 부: ○)

자기 인식	자기 관리	사회적 인식	관계 기술	책임 있는 의사 결정
	◉			

● 사회정서학습(하위 기술)이 필요한 교실 상황

하위 기술	개인과 집단 목표 설정
하위 기술이 필요한 교실 상황	학생들이 개인의 목표를 설정하지 못하거나, 학급 활동을 위한 공통된 목표가 없는 경우 서로의 방향성을 이해하지 못해 학습 환경이 분산되는 문제가 발생할 수 있다. 이 활동은 학생들이 자신과 학급의 목표를 세우고, 이를 실천하는 방법을 함께 고민하며, 지속적으로 동기 부여를 받을 수 있도록 돕는다. 특히, 목표를 시각화하여 일력에 담음으로써 매일 그 목표를 상기하고 실천할 수 있도록 지원한다.

● 활동 설명

1. 미덕 배우기 및 목표 정하기

학생에게 다양한 미덕(예: 존중, 성실, 책임감, 배려 등)을 소개한다. 간단한 이야기를 통해 각 미덕이 어떤 의미를 갖는지 설명하고, 함께 지키고 싶은 미덕을 3~5개 선정하도록 한다. 이후, 미덕을 기반으로 학급 전체가 함께 지킬 목표(예: '친구에게 친절하게 대하기', '선생님께 예의 바르게 행동하기' 등)를 정리한다. 이 과정에서 학생이 적극적으로 의견을 낼 수 있도록 격려한다.

2. 일력 제작하기

각 학생에게 한 달의 한 주나 하루에 해당하는 일력 페이지를 맡긴다. 학생들은 학급에서 정한 미덕과 목표를 중심으로 일력의 각 페이지에 문구를 적고, 그림이나 색깔 등을 활용해 일력을 꾸민다. 예를 들어, '오늘의 목표: 친구와 협력하기'를 적고 그에 맞는 그림을 그릴 수 있다. 이때 교사는 학생들이 미덕과 목표를 실천 가능한 구체적인 문장으로 표현하도록 도와준다.

3. 완성된 일력 공유하기

완성한 일력 페이지를 학급에서 함께 공유한다. 각 페이지를 모아 학급 전체의 일력으로 완성하고, 교실의 잘 보이는 곳에 게시한다. 돌아가며 해당 날짜의 목표를 실천하도록 독려하며, 하루를 돌아보는 시간을 가질 수 있도록 한다.

4. 목표 점검하기

매주 혹은 매월 목표 실천 과정을 돌아보는 시간을 갖는다. 학생들은 목표를 얼마나 잘 실천했는지 스스로 평가하거나, 학급 회의 시간을 활용하여 의견을 나눌 수 있다. 이 과정을 통해 목표 실천의 중요성을 다시 한번 되새기고, 실천 의지를 강화할 수 있다.

● 활동 사진

● 활동 시 주의사항

1. 미덕이나 목표를 정할 때 지나치게 추상적인 표현이 나오지 않도록, 실천 가능한 구체적인 문장을 만들도록 유도한다.
2. 학생들이 개별 페이지를 꾸밀 때 너무 복잡하게 꾸미지 않도록 지도하며, 창의성을 발휘할 수 있는 적절한 수준의 활동을 제공한다.
3. 목표 실천을 점검할 때 비난이나 부정적인 피드백이 아닌, 긍정적이고 발전적인 방향으로 피드백을 나눌 수 있도록 한다.
4. 일력을 매일 확인하고 실천 상황을 점검하는 규칙을 만들어, 지속적인 참여를 유도한다.

● 관련 성취기준

학년군	과목	성취기준
1~2학년군	통합	[2바03-01] 하루의 가치를 느끼며 지금을 소중히 여긴다.
3~4학년군	도덕	[4도01-03] 성실한 생활의 모범 사례를 탐색하고 시간 관리를 위한 생활을 계획하여 지속적인 자기 성장을 모색한다.

5~6학년군	미술	[6미03-03] 공동체의 미술 문화 활동에 관심을 가지고 참여하며 경험을 공유할 수 있다.
	실과	[6실02-01] 시간이나 용돈과 같은 생활자원이 제한되어 있음을 이해하고, 생활자원의 사용가치를 높이는 방법을 탐색한다.
	도덕	[6도01-02] 생활 습관에 대한 성찰을 통해 자기 생활을 점검하고 올바른 계획을 세워 이를 실천한다.

실패에서 성공으로

● 학년: 전학년

● 사회정서학습: 영역 (주: ◉, 부: ○)

자기 인식	자기 관리	사회적 인식	관계 기술	책임 있는 의사 결정
○	◉			

● 사회정서학습(하위 기술)이 필요한 교실 상황

하위 기술	솔선수범하는 용기 보여 주기
하위 기술이 필요한 교실 상황	학생들은 실패했을 때, "망했다."라고 말하는 경우가 많다. 단순 실수나 열심히 했음에도 실패할 수 있음에도 불구하고, 망했다고 표현하며 실패에서 회복하지 않고 안주하려는 모습을 보이곤 한다. 이 활동은 실패한 상황을 성공으로 이끌기 위해서 어떻게 해야 할지 나눠 보는 활동이다. 실패가 나쁜 것이 아닌 성장을 위한 발판임을 나누고, 성장을 통해 성공으로 나아가는 방법을 나눈다.

● 활동 설명

1. 손바닥 그리기

종이에 손을 데고 네임펜이나 사인펜을 이용해 손 전체를 따라 그린다. 너무 작게 그리면 나중에 글을 쓸 공간이 부족할 수 있으므로, 자기 손보다는 조금 더 크게 그리도록 안내한다. 손을 다 그린 뒤, 손바닥 부분에 이름을 쓴다.

2. 실패했던 경험 나누기

실패했던 경험을 짝과 같이 이야기한다. 학생들에게 단순하게 실패라고 말하면 어떤 것을 말해야 할지 모르는 경우가 많으므로, 후회하는 일이나 실수했던 경험, 잘하지 못해서 아쉬웠던 것 등을 나누라고 말하면 조금은 쉽게 말할 수 있다. 꼭 순서대로 할 필요는 없지만, 가능하다면 가장 아쉬웠던 것이나 실패에서 회복하고 싶은 것을 엄지손가락부터 순서대로 적으라고 안내한다.

3. 실패에서 성공으로 바꾸기

방법 1(개인 활동): 실패했던 경험을 적은 뒤, 손가락 바깥으로 화살표를 그린다. 그리고 그 화살표 끝에 실패했던 경험을 회복해서 다음에 비슷한 상황을 만났을 때, 어떻게 하면 성공할 수 있을지 적는다. 비슷한 상황에 어떻게 하면 실패하지 않을지 구체적인 방법을 적도록 안내한다.

방법 2(학급 활동): 실패했던 경험을 적은 종이를 책상 위에 올려놓는다. 학생들에게 돌아다니면서 친구의 실패했던 경험을 보고, 자신이라면 실패한 경험을 성공으로 바꾸기 위해 어떻게 할지 한 장에 1가지씩 총 5장에 적도록 안내한다. 5가지를 다 적으면 자리에 앉는다.

4. 결과물 나누기

결과물을 교실 벽에 붙이고 나누거나, 돌아가면서 발표한다.

● 활동 사진

● 활동 시 주의사항

1. 실패했던 경험을 떠올리기 어렵다면, 꼭 5가지를 다 적지 않아도 된다고 안내한다. 단 실패를 성공으로 바꾸는 활동을 학급 단위로 할 때는 학급 전체 개수가 부족하므로, 자신이 적은 실패한 경험 개수만큼만 다른 친구들에게 적도록 안내한다. (예: 실패한 경험을 3가지만 적은 학생은 3명의 친구 활동지에만 적는다.)

2. 학급 전체 활동으로 할 때는 다른 사람들이 봐도 괜찮은 내용을 적도록 안내한다. 그리고 친구의 실패를 성공으로 바꾸는 방법을 적을 때는 상대방이 봤을 때 기분이 나쁘지 않도록 예의를 갖춰 적도록 안내한다.

● 관련 성취기준

학년군	과목	성취기준
1~2학년군	통합	[2바02-04] 새로운 활동에 호기심을 갖고 도전한다.
3~4학년군	도덕	[4도01-03] 성실한 생활의 모범 사례를 탐색하고 시간 관리를 위한 생활을 계획하여 지속적인 자기 성장을 모색한다.
5~6학년군	도덕	[6도01-02] 생활 습관에 대한 성찰을 통해 자기 생활을 점검하고 올바른 계획을 세워 이를 실천한다.

사회적 인식

사회적 인식: 이해를 넘어 공감으로

오늘날 세상은 점점 더 복잡해지고 다채로워지고 있습니다. 그래서 서로 다른 문화, 신념, 그리고 경험이 얽힌 사회에서 단순히 존재하는 것을 넘어 함께 살아가는 법을 배워야 합니다. 이때 가장 중요한 시작점이 바로 사회적 인식입니다. 사회적 인식은 자신과 다른 사람의 관점을 이해하고, 공감하며, 다양성을 존중하는 능력입니다. 이 능력은 단지 조화로운 관계를 형성하기 위한 도구에 그치지 않습니다. 차이를 존중하며 갈등을 해결하고, 모두가 성장할 수 있는 환경을 만드는 원동력이 됩니다.

학생들에게 사회적 인식을 가르친다는 것은 단순한 기술을 전달하는 것이 아닙니다. 서로 다른 사람들을 이해하고 받아들이는 태도와 가치를 심어 주는 것입니다. 이는 그들이 학교에서, 가정에서, 그리고 미래의 공동체에서 더 나은 구성원이 될 수 있도록 돕는 중요한 과정입니다. 사회적 인식은 나와 다른 사람들 사이에 놓인 보이지 않는 다리를 만들어 줍니다. 그 다리 위에서 우리는 자신만의 목소리를 키우는 동시에 타인의 목소리에도 귀를 기울일 수 있습니다. 이 책은 그 다리를 세우는 방법을 탐구하며, 미래 세대에게 더 나은 세상을 물려주기 위한 작은 시작이 될 것입니다.

사회적 인식을 왜 가르쳐야 할까?

초등학생 시기는 삶의 가치관과 행동의 기초가 형성되는 중요한 시기입니다. 이 시기에 배운 것들은 단순한 지식으로 끝나지 않고, 앞으로의 삶 전반에 걸쳐 영향을 미칩니다. 특히 다른 사람을 이해하고 공감하는 사회적 인식은 어린 나이에 배울수록 더 큰 효과를 발휘합니다. 초등학생은 본능적으로 자기중심적인 사고를 하기 쉽습니다. 이는 자연스러운 발달 과정이지만, 이 시기에 다른 사람의 입장을 배우고 이해하는 법을 익히면 자신을 둘러싼 세계를 훨씬 더 넓고 깊게 바라볼 수 있게 됩니다. 친구가 느끼는 감정에 공감하고, 다른 문화나 배경을 가진 사람들의 이야기를 들으며, 자신과 다른 의견을 존중하는 연습의 경험은 학생의 정서적 성숙을 돕고, 사회적 관계를 더 풍요롭게 만듭니다. 또한, 초등학생 시기는 갈등 해결 능력을 기르는 데도 이상적인 시기입니다. 친구와의 작은 다툼에서 시작해, 교실 안에서의 팀워크와 협력에 이르기까지 사회적 인식은 갈등을 평화적으로 해결하고 건강한 관계를 유지하는 방법을 배우게 합니다. 이 과정에서 타협과 양보, 그리고 이해라는 가치를 자연스럽게 체득합니다. 무엇보다 초등학교는 학생이 다양한 배경을 가진 사람과 처음으로 어우러지는 중요한 공간입니다. 이곳에서 사회적 인식을 배우는 것은 단순히 학급 안에서의 조화를 이루는 것을 넘어, 다문화적이고 다양한 현대 사회에서 자신감을 갖고 살아가는 데 필요한 기반을 마련합니다.

사회적 인식은 초등학생에게 더 나은 학업 환경을 제공할 뿐 아니라, 그들이 더 나은 시민, 친구, 그리고 가족 구성원으로 성장하는 데 도움을 줍니다. 학생이 가진 공감의 씨앗은 어릴 때 심을수록 더 깊게 뿌리를 내립니다. 사회적 인식을 가르치는 일은 단순한 교육이 아니라, 그들의 미래를 위한 가장 소중한 투자입니다.

사회적 인식으로 인한 변화

사회적 인식을 가르치는 일은 단지 학생 개개인의 성장에 그치지 않습니다. 이는 학교, 가정, 더 나아가 사회 전체에 깊은 변화를 가져올 수 있는 중요한 실천입니다.

첫째, 사회적 인식은 학교 문화를 변화시키는 촉매제가 됩니다. 서로를 존중하고 배려하는 학생이 많아질수록 교실은 단순한 학습 공간을 넘어 서로의 생각과 감정을 나누는 협력의 장으로 변합니다. 이는 자연스럽게 학업 분위기를 긍정적으로 변화시키고, 학생이 서로를 지지하며 함께 성장할 수 있는 환경을 만듭니다.

둘째, 학생에게 책임감 있는 시민으로서의 기초를 다질 기회를 제공합니다. 사회적 인식을 배운 학생은 자신만의 이익에 몰두하기보다, 공동체와 사회적 책임에 대해 고민할 줄 아는 어른으로 자라날 가능성이 큽니다. 이는 개인의 성장뿐만 아니라 더 공정하고 평화로운 사회를 만드는 데 기여합니다.

셋째, 갈등 해결과 평화적 소통의 가능성을 높입니다. 서로 다른 의견이나 배경을 가진 사람과의 관계 속에서 갈등은 불가피합니다. 그러나 사회적 인식 역량을 배운 학생은 갈등 상황에서도 상대방의 입장을 이해하고, 대화를 통해 문제를 해결하는 방법을 배웁니다. 이는 단순히 문제를 없애는 것을 넘어, 더 강한 유대와 신뢰를 형성하는 기회가 됩니다.

마지막으로, 사회적 인식 교육은 다양성을 존중하는 태도를 함양한다는 데 큰 의의가 있습니다. 현대 사회는 다양한 인종, 문화, 가치관이 공존하는 공간입니다. 이러한 환경 속에서 차이를 인정하고 서로에게 배울 줄 아는 태도는 개인의 성공뿐만 아니라 공동체의 발전에도 필수적입니다.

결국, 사회적 인식을 가르치는 일은 단지 학생이 현재의 문제를 해결하도록 돕는 데 그치지 않습니다. 이는 그들이 미래에 직면할 다양한 도전 과제 속에서 지혜롭고 따뜻한 리더가 될 수 있도록 돕는 준비 과정입니다. 사회적 인식은 우리가 서로를 연결하고, 함께 더 나은 세상을 만들어가는 데 필요한 가장 기본적인 출발점입니다.

만약 나라면 – 핫시팅 놀이

● 학년: 2학년

● **사회정서학습:** 영역 (주: ◉, 부: ○)

자기 인식	자기 관리	사회적 인식	관계 기술	책임 있는 의사 결정
	○	◉	○	

● **사회정서학습**(하위 기술)이 필요한 교실 상황

하위 기술	다른 사람의 관점 취하기
하위 기술이 필요한 교실 상황	저학년 학생은 아직 자기중심적인 특징이 있으며, 주변 사람이 어떻게 생각할지, 어떤 기분일지 잘 생각하지 못한다. 사실 확인에서 더 나아가 상대방의 기분이나 생각에 대해 고민해 보고 공감할 수 있는 시간을 가져 보는 것이 필요하다고 생각한다. '사고 확장 질문'을 이용한 활동을 통해 다른 사람의 마음과 행동에 대해 생각해 보는 기회를 가질 수 있고, 이를 통해 공감 능력을 기를 수 있을 것이라 기대된다. 이러한 공감 능력을 바탕으로 갈등을 미리 예방하거나 해결할 수 있기를 바란다.

● 활동 설명

1. 2단계 질문 만들기

'사실 확인 질문'(자기관리 2 질문 만들기와 연계)이나 다른 활동을 통해서 공통된 이야기에 대한 내용 파악이 끝난 후 활동을 시작한다. '사고 확장 질문'을 2~3가지 정도 생각하여 기록하는 시간을 갖는다. '사고 확장 질문'은 '~할 때 인물은 어떤 기분일까요?'처럼 감정을 묻는 질문, '인물은 왜 ~하는 행동

을 했을까요?'처럼 인물의 행동에 대한 이유나 의도를 유추할 수 있는 질문, '인물은 ~할 때 어떤 느낌일까요?'처럼 느낌을 묻거나 인물의 상황에 대해 다양하게 상상할 수 있는 질문이 해당된다.

2. 핫시팅 놀이하기

만든 질문을 바탕으로 핫시팅 놀이를 진행한다. 뽑힌 학생은 교실 가운데로 나와 제시된 등장인물이 된다. 다른 학생은 등장인물이 된 학생을 향해 다양한 질문(사실 확인 질문, 사고 확장 질문 등)을 한다. 등장인물이 된 학생은 본인이 등장인물의 입장이 되어 대답한다. 여러 학생이 등장인물이 될 수 있도록 하고, 다양한 친구가 질문해 볼 수 있도록 기회를 준다.

3. 핫시팅 놀이 정리하기

핫시팅 놀이가 끝나고 생각을 정리하여 내가 만든 '사고 확장 질문'에 대한 답을 적어 본다. 친구의 답변을 참고해도 좋다. 또한 핫시팅 놀이 중 좋았던 질문을 추가로 기록하도록 하거나, 새로 만든 질문도 기록할 수 있도록 해 생각을 정리하는 시간을 제공한다.

4. 만약 나라면?

이야기 속 등장인물이나 상황을 생각하고 공감해 보는 활동에 이어서, 마지막으로 학생의 삶에 이야기를 가져오는 '만약 나라면?' 활동을 실시한다. 가장 간단한 방법은 '만약 내가 ~라면 어떻게 했을까요?' 같은 질문을 제공하고, 그에 대한 답변을 써 볼 수 있다. 두 번째 방법은 '나에게도 ~한 상황(이야기 속 주요 사건)과 비슷한 일이 있었나요? 그때 어떻게 했으면 좋았을까요?'같은 질문을 제공하고, 지금까지 활동을 통해 얻은 자신의 생각을 적용하는 활동이다. 세 번째 방법은 '○○이가 되어 □□에게 해줄 수 있는 말을 적어 봅시다.'처럼 한 인물이 되어 또 다른 인물에게 해 줄 수 있는 말을 적는 활동을 하여 문제 상황을 공감하고 간접적으로 해결해 볼 수 있다.

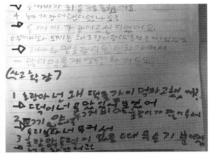

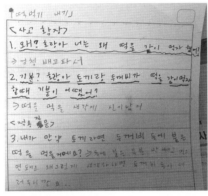

<2단계 - 맛시팅 질문>
- 왜 배가 고팠어?
- 왜 떡을 먹었어? 친구를 잡아먹으면 되잖아
- 고기를 먹지 왜 떡을 먹었어?
- 왜 토끼랑 같이 떡을 만들었어?

<3단계 - 나라면 질문>
- 내가 만약 토끼라면 두꺼비 등에 붙은 떡을 먹을거에요?
- 내가 만약 호랑이라면 두꺼비랑 토끼를 먹을건가요?
- 만약 내가 토끼 / 두꺼비 라면 떡을 나눠먹을거에요?
- 내가 호랑이라면 떡을 같이 먹자고 할거에요?

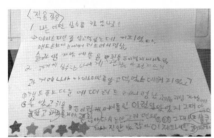

● 활동 시 주의사항

1. 등장인물이 다양하고, 이야기 나눌 만한 문제 상황이 있는 이야기를 준비
하면 이야기할 거리가 많아질 수 있어서 좋다.

2. 어려워하는 학생을 위해 친구가 만든 질문을 공유해서 힌트로 제공할 수 있다. 학생은 친구의 질문을 모방하며 자신의 생각을 키워 갈 수 있다.
3. 다양한 친구가 핫시팅을 할 수 있도록 위해 질문 개수나 속도를 교사가 조절해 주는 것도 필요하다.
4. 핫시팅 놀이에서 질문하고 답할 때 너무 장난스러워지지 않도록 주의하고, 의사소통할 때 주의할 점을 상기하고 시작하면 경청하는 태도와 알맞은 발표 예절을 지키는 데 도움이 된다.

● 관련 성취기준

학년군	과목	성취기준
1~2학년군	국어	[2국01-02] 바르고 고운 말로 서로의 감정을 나누며 듣고 말한다. [2국02-04] 인물의 마음이나 생각을 짐작하고 이를 자신과 비교하며 글을 읽는다. [2국05-03] 작품 속 인물의 모습, 행동 마음을 상상하여 시, 노래, 이야기, 그림 등으로 표현한다.
3~4학년군	국어	[4국01-04] 상황과 상대의 입장을 이해하고 예의를 지키며 대화한다. [4국02-03] 질문을 활용하여 글을 예측하며 읽고 자신의 읽기 과정을 점검한다.
5~6학년군	국어	[6국01-03] 주제와 관련하여 궁금한 내용을 질문하며 적극적으로 듣고 말한다. [6국05-01] 작가의 의도를 생각하며 작품을 읽는다.

학급 규칙 만들기

● 학년: 전학년

● 사회정서학습: 영역 (주: ◉, 부: ○)

자기 인식	자기 관리	사회적 인식	관계 기술	책임 있는 의사 결정
		◉	○	

● 사회정서학습(하위 기술)이 필요한 교실 상황

하위 기술	조직과 시스템이 행동에 미치는 영향
하위 기술이 필요한 교실 상황	학교는 작은 사회다. 사회에서 법과 규칙을 지켜야하는 것처럼 학교와 교실 안에서는 규칙을 지켜야 한다. 더불어 살아가는데 필요한 규칙들을 스스로 생각해 보고 필요한 규칙들을 만들고 수정해 나가는 등 학급 규칙을 만드는데 참여한다면 소속감을 갖고 준법 정신을 기를 수 있다. 나아가 사회적 합의를 직접 경험하면서 미래 한국 사회의 현안에 대해 참여하면서 민주시민 의식을 함양할 수 있다. 교사가 생활지도를 할 때 학급 안에서 만들어진 규칙을 활용하여 생활지도를 하면 훈육에 힘이 생긴다. 타인이 만든 규칙을 지키라고 한다면 강요로 받아들일 수 있지만, 자신이 만든 규칙과 약속을 지키지 않았을 때 훈육받는 것은 대부분 학생이 받아들이고 반성한다. 학급 규칙을 통해 서로 존중하고 안정된 학급 분위기를 조성한다면 학생들의 정서 강화에도 큰 도움이 된다.

● 활동 설명

1. 문제 상황 점검하기

학교 생활 중 불편했던 문제 상황들을 브레인스토밍한다. 개인별로 이전 학급회의 이후에 있었던 학교 생활 중 불편했던 문제 상황들을 최대한 나열해 보고 모둠에서 의견을 나눈다. 모둠에서는 가장 해결해야 할 문제 상황 3가지를 선정하여 발표한다.

2. 문제 분류하기

각 모둠별로 선정된 문제 중에서 비슷한 문제끼리 통합한다. 문제 상황에 따라 분류 기준을 정한다. 수업 시간, 쉬는 시간, 점심시간 등 시간을 기준으로 분류하거나 나쁜 말(욕), 소리 지르기 등 특정 상황에 대한 기준으로 분류 기준을 정한다. 규칙이 많으면 지키기 힘드므로 해결방법(규칙)을 줄이기 위해, 정한 분류기준에 따라 문제를 나눈다.

3. 아래 기준을 제시하여 문제 해결 방법 찾기

분류된 문제 상황에 적합한 문제 해결 방법을 브레인스토밍한다. 브레인스토밍 기준으로 첫째, 문제를 해결할 수 있는가?(해결 가능성) 둘째, 모두에게 관련되어 있는가?(관련성) 등 현실적으로 해결할 수 있고 지킬 수 있는 문제 해결 방법을 찾도록 안내한다. 이때는 '~하지 않기'와 같은 부정적인 표현보다 '~하기'와 같이 긍정적인 표현으로 방법을 찾도록 하고 나온 여러 방법을 투표하여 선정한다.

4. 학급 규칙 안내문 만들기

모둠별로 학급 규칙에 대한 안내문을 도화지에 만들어 꾸민다. 만든 안내문은 교실 앞 게시판, 뒷판, 창문, 복도 등 잘 보이는 곳에 붙여 둔다. 만든 학급 규칙은 아침 조회 시간과 종례 시간에 한번씩 상기시켜, 잘 지키고 있는지 확인해 학급 규칙 지키기를 생활화하도록 유도한다.

● 활동 사진

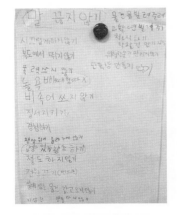
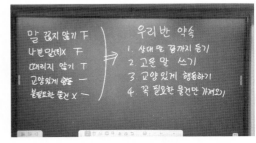
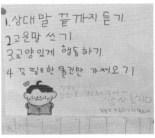

● 활동 시 주의사항

1. 문제 상황을 제시할 때 특정 학생의 문제를 저격하는 형식을 지양하도록
전체 문제로 유도한다.

2. 약속한 학급 규칙을 수시로 점검하여 학생들에게 상기시킨다.

3. 학급 규칙은 부정적인 표현보다는 긍정적인 표현으로 만든다. ex) 욕하지
않기 → 바른 말 하기 등

4. 학급 규칙은 5개 이상이 되지 않게 하고, 쉽게 지킬 수 있도록 간결하게
표현한다.

● 관련 성취기준

학년군	과목	성취기준
1~2학년군	통합	[2바01-03] 가족이나 주변 사람을 배려하며 관계를 맺는다.
3~4학년군	사회	[4사08-01] 학교 자치 사례를 통하여 민주주의의 의미를 이해하고, 학교생활에서 민주주의를 실천하는 능력을 기른다.
5~6학년군	사회	[6사08-01] 민주주의에서 선거의 의미와 역할을 파악하고, 시민의 주권 행사를 위해 선거에 참여하는 태도를 기른다.
	도덕	[6도03-02] 정의에 관한 관심을 토대로 공동체 규칙의 중요성을 살펴보고 직접 공정한 규칙을 고안하며 기초적인 시민의식을 기른다.

감사 빙고

● 학년: 1~6학년

● 사회정서학습: 영역 (주: ◉, 부: ○)

자기 인식	자기 관리	사회적 인식	관계 기술	책임 있는 의사 결정
○		◉	○	

● 사회정서학습(하위 기술)이 필요한 교실 상황

하위 기술	감사를 이해하고 표현하기
하위 기술이 필요한 교실 상황	자존감이 낮은 학생은 스스로와 주변 환경에 대해 부정적 인식을 가진 경우가 많으며, 이로 인해 교실 내에서 긍정적인 관계 맺기에 어려움을 겪는다. 이 활동을 통해 일상에서 작은 것이라도 감사한 점을 찾을 줄 아는 긍정적인 사고방식을 배워 학생의 자존감을 높이고 정서적 안정에 도움을 줄 수 있다. 또한 주변 사람의 도움이나 친절에 대해 더 자주 생각하고 감사를 표현하며 친구, 선생님, 가족과의 관계 개선도 기대할 수 있다.

● 활동 설명

1. 감사를 느낀 경험 떠올리기

먼저, 자신의 경험을 발표하는 시간을 가진다. 오늘 혹은 최근에 감사했던 일을 학급 친구들과 공유하며, 자신에게 일어난 감사한 일들을 떠올리며 감사에 대해 이해한다. 주변에 감사한 사람, 사건, 물건을 찾아 간단한 키워드로 적어보는 〈감사 빙고〉 활동을 활용하여 놀이를 통해 감사 경험을 나눌 수 있다. 이를 통해 일상에서 감사할 일이 다양하게 많이 있으며, 긍정적인 사고방식을 가지고 주변을 바라보면 감사한 일을 쉽게 찾을 수 있음을 자연스럽게 깨닫게 된다.

2. 한 줄 쓰기로 감사 표현하기

감사한 마음을 표현하고 싶은 일을 1가지 정하여 한 줄로 간단하게 쓰도록 한다. '날씨가 좋아서 운동장에서 친구들과 재밌게 놀 수 있어서 기뻤다.', '오늘 수업시간에 발표를 잘해서 뿌듯했고, 칭찬을 받아서 기뻤다.', '오늘 친구가 내 말을 잘 들어줘서 고마웠다.', '오늘 엄마가 내가 좋아하는 음식을 해 줘서 감사했다.', '오늘 스스로 어려운 숙제를 해낸 내가 자랑스러웠다.'처럼 대상과 감사한 일, 자신의 감정 등을 구체적이고 진솔하게 표현하도록 한다. 이때, 글의 길이보다는 자신의 진심을 담아 감사를 표현하는 것이 중요함을 지도해야 한다.

3. 습관화(루틴화)하기

매일 같은 시간에 한 줄 감사 일기를 쓰도록 한다. 아침 활동 시간, 알림장 쓰는 시간, 배움 공책 정리 시간 등 매일 반복하는 시간에 활동한다. 학급 루틴으로 인식하여 자연스럽게 감사하는 마음을 갖는 것이 일상이 되어, 점차 긍정적인 삶의 태도가 습관화할 수 있도록 한다.

● 활동 사진

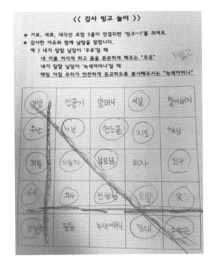
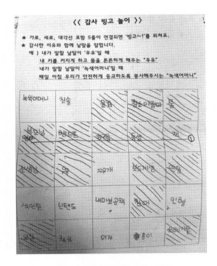

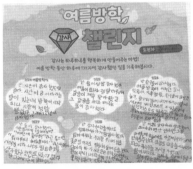

● 활동 시 주의사항

1. 한 줄 감사 일기를 위한 공책을 따로 준비하여 활동하기 어렵거나 부담스 럽다면, 기존에 꾸준히 사용하는 배움 공책, 알림장, 아침 활동 자료 등 을 활용하여 공책의 가장 아래 매일 한 줄 감사를 기록하여 학생과 교사 의 부담을 줄일 수 있다.

2. 긍정적인 경험에 집중하여 감사 일기를 쓰도록 한다. 예를 들어, '친구가 안 도와줘서 속상했지만, 그래도 괜찮다'와 같은 부정적인 경험보다는 순수하게 감사한 일에만 집중하도록 한다.

3. 학생이 억지로 감사한 일을 찾아 쓰지 않도록 한다. 감사 일기를 쓸 때 억지로 무언가를 감사하게 여길 필요는 없다. 작은 일이라도 진정으로 감사함을 느낀 것에 집중해야 하며, 감사거리가 떠오르지 않는 날은 하루를 차분히 돌아보고 하루의 소감을 쓰도록 한다.

● 관련 성취기준

학년군	과목	성취기준
1~2학년군	통합	[2즐01-03] 가족이나 주변 사람과 소통하며 어울린다.
3~4학년군	국어	[4국03-04] 목적과 주제를 고려하여 독자에게 마음을 전하는 글을 쓴다.
	도덕	[4도02-02] 친구 사이의 배려에 대한 올바른 이해를 바탕으로 일상생활에서 배려에 기반한 도덕적 관계를 맺을 수 있는 방안을 탐색한다.
5~6학년군	도덕	[6도02-02] 편견이 발생하는 이유를 탐색하여 해결 방안을 살펴보고, 다양성 존중을 바탕으로 다른 사람과 올바른 관계를 맺기 위한 실천 방안을 탐구한다.

공감공

● 학년: 4~6학년

● 사회정서학습: 영역 (주: ⊙, 부: ○)

자기 인식	자기 관리	사회적 인식	관계 기술	책임 있는 의사 결정
	○	⊙		

● 사회정서학습(하위 기술)이 필요한 교실 상황

하위 기술	다른 사람의 감정에 공감하는 방법
하위 기술이 필요한 교실 상황	공감은 감정과 밀접한 연관이 있다. 하지만 이를 표현하는 것은 또 다른 차원의 문제다. 공감의 표현을 쑥스럽고 멋쩍어하는 학생이 많기 때문에 짧은 글로 그 마음을 표현하면서 공감하는 방법을 훈련할 수 있다. 또 자신이 상황에 맞게 친구가 적어 준 공감과 해결책을 읽으며 공감이 누군가에게 큰 힘이 될 수 있음을 직접적으로 경험할 수 있는 계기를 제공할 수 있다.

● 활동 설명

* 활동에 앞서 교사가 공감의 필요성에 대해 몰입감 있게 지도할 때, 그 효과가 극대화된다.

1. 공감받고 싶은 상황 떠올리기

가장 먼저 해야 할 일은 공감받고 싶은 상황을 떠올리는 것이다. 위로받고 싶은 일이나 억울했던 일, 답답했던 일을 떠올린다. 그런 상황을 떠올리기 어려운 학생에게는 해결하고 싶은 자신의 문제를 떠올리게 지도한다. 예를 들어,

"엄마에게 억울하게 혼나서 속상했어요." 또는 "숙제를 미루는 내가 답답해요." 등이 있다. 활동지 없이 A4 용지를 나누어 주고 윗 공간이 비어 있도록 크게 T자를 그리게 한다. 방금 떠올린 상황을 T자의 윗 공간에 적도록 지도한다. 단, 자신의 이름은 적지 않는다.

2. 주어진 공간으로 던지기

공감받고 싶은 상황을 적은 후, 종이를 구겨서 동그란 공 형태로 만들어 지정된 공간으로 던지게 한다. 칠판 앞이 될 수도 있고 교실의 한 구석이 될 수도 있으며, 큰 통을 가져다 놓거나 훌라후프 등을 바닥에 두고 던져서 안에 넣도록 한다.

3. 종이공 고르기

던져진 종이공이 모였다면 종이공을 하나씩 집도록 한다. 단, 자신의 종이공을 뽑은 경우라면 내려두고 다시 뽑도록 지도한다.

4. 공감의 말 전하기

주워 온 종이공을 자신의 책상으로 가져와 T의 윗부분에 친구가 적은 상황을 읽고, 아래의 왼쪽에는 상황에 어울리는 공감의 말을 적는다. 반대편 오른쪽에는 문제를 해결하기 위한 자신만의 방법을 적도록 지도한다.

5. 세 번 반복하기

종이공을 다시 구겨서 던지고 총 세 명에게 공감을 받을 수 있도록 반복한다. 더 많이 해도 좋지만 1차시 분량으로 하기 위해서는 세 번에서 네 번 정도가 적당하다. 마지막으로 쓴 후에는 다시 종이를 구기지 않고 책상 위에 펴도록 한다.

6. 공감의 말 공유하기

각자의 책상에는 친구의 종이가 놓여 있을 것이다. 교실을 돌아다니며 자신의 활동지를 찾도록 한 후, 자리에 앉도록 지도한다. 자신의 '공감받고 싶은 상황'을 읽고 친구들이 건넨 공감과 조언을 읽는다. 위로가 된 따뜻한 공감의 말이나 마음에 쏙 드는 해결책이 있다면 발표하며 친구들과 나눈다.

● 활동 사진

● 활동 시 주의사항

1. 활동의 목적을 고려하여 공감 없이 해결책을 제시하는 경우는 배제한다.
2. 종이를 구기는 행위 자체에 지나치게 몰입하여 종이가 찢어지는 경우가 있음을 알고 미리 지도한다.

● 관련 성취기준

학년군	과목	성취기준
1~2학년군	통합	[2바01-03] 가족이나 주변 사람을 배려하며 관계를 맺는다.
3~4학년군	도덕	[4도02-03] 공감의 태도가 필요한 이유를 이해하고 도덕적 상상력을 바탕으로 대상과 상황에 따라 감정을 나누는 방법을 탐구하여 실천한다.
5~6학년군	도덕	[6도02-02] 편견이 발생하는 이유를 탐색하여 해결 방안을 살펴보고, 다양성 존중을 바탕으로 다른 사람과 올바른 관계를 맺기 위한 실천 방안을 탐구한다.

강점 직업 만들기

● 학년: 6학년

● 사회정서학습: 영역 (주: ⊙, 부: ○)

자기 인식	자기 관리	사회적 인식	관계 기술	책임 있는 의사 결정
○		⊙		

● 사회정서학습(하위 기술)이 필요한 교실 상황

하위 기술	다른 사람의 강점 인식하기
하위 기술이 필요한 교실 상황	학생은 자신의 강점을 인식하지 못하거나, 타인의 강점을 충분히 이해하지 못해 협력적인 학습 환경을 조성하는 데 어려움을 겪을 수 있다. 이 활동은 학생이 서로의 강점을 발견하고, 이를 학급 내 역할로 발전시켜 책임감 있게 학급 활동에 참여할 수 있도록 돕는다. 이를 통해 학생은 자신이 맡은 역할에 대한 책임감을 느끼고, 학급 전체의 성과에 기여하는 방법을 배우게 된다.

● 활동 설명

1. 강점 탐색하기

칭찬 샤워 활동에 앞서, 학생이 자신의 강점을 먼저 탐색하는 시간을 갖는다. 교사는 다양한 강점의 예시(예: 문제 해결 능력, 창의성, 친절함 등)를 소개하고, 각 학생이 자신이 생각하는 강점을 세 가지 적어 보도록 한다. 이를 통해 자신을 더 잘 이해하고, 다른 친구들의 강점을 인식하는 데 도움이 된다.

2. 칭찬 샤워

칭찬 샤워 활동을 진행한다. 한 명의 학생이 교실 앞에 서고, 나머지 학생들은 그 학생의 강점을 칠판에 적는다. 앞에 선 학생은 칠판을 보지 못하게 하고, 친구들이 적은 강점을 추측해 보도록 한다. 자신의 강점이 무엇인지 추측한 후, 칠판을 보고 실제로 적힌 강점을 확인한다.

3. 강점 공유 시간 갖기

칭찬 샤워 활동을 마친 후, 각 학생이 받은 강점을 돌아보며 자신의 강점에 대해 이야기를 나눈다. 이 강점이 자신에게 어떤 의미가 있는지, 앞으로 어떻게 활용할 수 있을지에 대해 생각해 보도록 한다.

4. 강점 직업 만들기

학생들이 칭찬 샤워 활동에서 받은 강점을 바탕으로, 학급 내에서 자신이 담당할 역할을 직업으로 발전시킨다. 예를 들어, '친구를 잘 도와주는 학생'은 '학급 도우미' 역할을 맡고, '정리를 잘하는 학생'은 '환경 관리사' 역할을 맡을 수 있다. 학생들은 자신의 강점에 적합한 직업을 생각해 보고, 그 역할을 어떻게 수행할지에 대한 계획을 작성한다.

● 활동 사진

● 활동 시 주의사항

1. 모든 학생이 강점을 고르게 인정받고, 적절한 역할을 부여받을 수 있도록 교사가 세심하게 지도한다.
2. 학생이 직업을 선택할 때 지나치게 경쟁적이거나 비교하는 분위기가 조성되지 않도록 유의하고, 긍정적인 표현과 존중을 강조한다.
3. 역할 수행 과정에서 발생할 수 있는 어려움에 대해 사전에 논의하고, 학생들이 도움을 요청할 수 있는 환경을 조성한다.
4. 활동 후에도 학생들이 맡은 직업과 역할에 대한 책임감을 지속적으로 느낄 수 있도록, 정기적인 피드백과 점검을 통해 지원한다.

● 관련 성취기준

학년군	과목	성취기준
1~2학년군	통합	[2바01-02] 나를 이해하고 존중하며 생활한다.
3~4학년군	도덕	[4도01-03] 성실한 생활의 모범 사례를 탐색하고 시간 관리를 위한 생활을 계획하여 지속적인 자기 성장을 모색한다.
5~6학년군	도덕	[6도01-03] 자기가 하고 싶은 일을 선택할 때 도덕적 고려의 필요성을 알고 자신의 특기와 적성을 탐색하여 진로계획을 수립한다.
	실과	[6실01-07] 직업의 필요성을 이해하고 적성, 흥미, 성격에 따라 진로 발달 계획을 세우고 주도적으로 탐색한다.

문화 탐정 게임

● 학년: 5~6학년

● 사회정서학습: 영역 (주: ⊙, 부: ○)

자기 인식	자기 관리	사회적 인식	관계 기술	책임 있는 의사 결정
	○	⊙		

● 사회정서학습(하위 기술)이 필요한 교실 상황

하위 기술	부당한 규범을 포함한 다양한 사회적 규범 식별
하위 기술이 필요한 교실 상황	점차 국적과 문화 다양성의 존중과 개개인의 개성이 존중받는 사회가 되고 있다. 그래서 교실 안에서 여러 가지 문화가 충돌하는 상황이 생기고, 갈등으로 번지기도 한다. 같은 국적과 인종인 학생들이 있는 교실에서도 가정 배경으로 인해 문화적 차이는 존재한다. 그래서 이 활동에서는 인종, 국적 등의 광범위한 문화와 더불어 다른 가정 배경, 부모의 행동 양식 등 작은 범위의 문화까지도 존중할 필요가 있음을 배운다. 이 활동은 서로 다른 문화 규범이 우리에게 어떤 영향을 미치는지 배우는 활동으로, 가상의 규범을 만들고 그 규범을 지키는 것이 중요한 이유를 배운다.

● 활동 설명

　* 이 활동은 교실 속 자존감의 코드 체인지 활동을 참고했다.

　1. 문화 코드 정하기

　문화 코드는 서로 다른 나라의 규범이다. 대표적으로 고개를 숙여 인사한다거나, 악수를 하는 등 각 나라마다 일반적인 행동 양식으로 일컬어지는 규범이다. 가상의 규범은 너무 어렵지 않고, 대화할 때 자주 하는 행동으로 정해야 효과적인 활동을 할 수 있다. 다음 예시는 대화할 때, 서로 연결되기 위해 필요한 행동인 눈을 마주치고, 고개를 끄덕이는 것을 배우기 위해 만들었다.

문화 코드 예시
코드 1: 대화할 때 눈을 마주치면 안 되는 문화
코드 2: 대화할 때 눈을 마주쳐야 하는 문화
코드 3: 대화할 때 고개를 끄덕이면 안 되는 문화
코드 4: 대화할 때 고개를 끄덕여야 하는 문화
코드 5: 대화할 때 맞장구를 치면 안 되는 문화
코드 6: 대화할 때 맞장구를 쳐야 하는 문화

2. 문화 코드 안내하기

각 반의 학생을 문화 코드의 개수대로 나눈다.(예: 문화 코드가 6개이므로 6모둠으로 나눈다) 1번 모둠을 제외하고 다른 모둠은 엎드려 눈을 감도록 안내한다. 그리고 1번 모둠에게 코드 1번을 보여 준다. 1번 모둠도 눈을 감고 엎드리게 하고, 2번 모둠부터 차례대로 그 모둠만 볼 수 있도록 비밀로 안내한다.

3. 스티커 나눠주기

1명당 스티커를 5장씩 나눠 준다. 대화하는 도중에 상대방이 내 문화 코드를 어긴다면, 대화가 끝난 뒤 손등에 1장씩 붙이도록 안내한다. 예를 들어 2모둠(문화 코드 2: 대화할 때 눈을 마주쳐야 하는 문화)이라면 친구가 눈을 마주치지 않고 다른 곳을 보면, 대화가 끝나고 헤어질 때 친구의 손등에 스티커 1장을 붙인다. 여러 번 어겨도 스티커는 1장만 붙인다.

4. 대화하기

한번에 2분정도 1:1로 대화하도록 안내한다. 친구를 만나면 가위바위보를 해이긴 사람부터 주제를 정해 대화를 시작하고, 진 사람이 이어서 말한다. 주제는 쉽게 말할 수 있는 주제로 어제 저녁에 먹은 음식이나, 주말에 하고 싶은 일 등으로 안내한다. 최소 5명 이상의 친구를 만나도록 안내하고, 시간이 다 되거나 스티커가 다 떨어지면 자리에 앉도록 안내한다.

5. 정리하기

모든 활동이 끝나면 학생의 손등에 붙은 스티커 개수를 확인한다. 손등에 스티커가 가장 적은 학생을 오늘의 규범왕으로 공표한다. 예시로 주어진 문화 코드대로 활동을 했다면, 서로 대화할 때 어떤 점을 주의해야 할지 나눈다. 대화할 때 눈을 마주치지 않으면 어떤 기분이었는지, 반대로 눈을 바라봐 주었다면 어떤 기분이었는지 나눈다. 그리고 상대방이 고개를 끄덕이면서 들어주었을 때 기분과 반대로 아무 반응이 없었을 때 기분도 나눈다.

● 활동 사진

● 활동 시 주의사항

1. 예시로 주어진 문화 규범들은 대화하는 도중에 자연스럽게 표현되는 행동이므로 학생들이 그 행동을 찾기 어려워할 수 있다. 그래서 확실하게 규범을 어겼다고 생각이 될 때만 손등에 스티커를 붙이도록 안내한다.
2. 손등에 스티커를 붙일 때, 규범을 어긴 것에 대해서 서로 다툼이 있을 수 있다. 그래서 활동을 시작하기에 앞서 활동의 일환으로 스티커를 붙이는 것이니, 민감하게 반응하지 않도록 안내한다.

● 관련 성취기준

학년군	과목	성취 기준
1~2학년군	통합	[2바04-02] 다양한 생각이나 의견에 대해 개방적인 태도를 형성한다.
3~4학년군	사회	[4사03-02] 우리 사회에 다양한 문화가 확산되면서 나타나는 긍정적 효과와 문제를 분석하고, 나와 다른 사람이나 집단의 문화를 존중하는 태도를 기른다.
5~6학년군	사회	[6사03-01] 일상 사례에서 법의 의미와 역할을 이해하고, 헌법에 규정된 인권이 일상생활에서 구현되는 사례를 조사하여 인권 친화적 태도를 기른다.

관계 기술

관계 기술: 부수적 영역에서 명시적 영역으로

한국 교육은 전통적으로 열광적인 교육열에 힘입어 지식과 효율에 중점을 둔 지식 위주의 교육이었습니다. 그 과정에서 정서 지능이나 관계 기술 등은 자연적으로 배우거나 부수적인 영역으로 치부되었습니다. 그러나 이러한 교육을 받고 성공한 우리나라 사람의 행복률은 현저하게 떨어집니다. 이에 대한 필요성으로 데일 카네기의 『인간관계론』 등 자기 계발서가 한국 서점의 베스트셀러가 되곤 했습니다. 하지만 자기 계발서를 통해 관계 기술을 학습하는 것에 대한 수요와 필요성에 비해, 국가 수준 교육과정에서는 관계 기술을 교과안에서 부수적인 성취기준을 통해 배우고 있습니다.

관계 기술은 자신의 의견을 분명하고 솔직하게 표현하고, 타인의 의견을 경청하고 협력하며, 타인과의 갈등을 원만하게 해결하는 기술입니다. 또한 부적절한 사회적 압력에 저항하며 필요한 도움을 주고받고, 타인과 원만한 관계를 유지할 수 있는 능력입니다. 이는 교과서에서 배우는 지식처럼 딱 잘라 말할 수 있거나 분명하지 않지만, 인간이 행복을 추구하는 데 꼭 필요한 능력입니다. 이러한 모호성을 조금 더 명시적인 영역으로 끌어와 인간관계에 도움이 되는 기술로써 학습할 수 있다면 학생들의 정서 지능을 키우는 데 도움이 됩니다. 이를 위해 사회정서학습에서는 관계 기술을 명시적으로 가르쳐 학생 스스로 관계 기술을 생각하고 적용하도록 돕는 것을 중요하게 생각합니다.

관계 기술을 왜 가르쳐야 할까?

관계 기술을 학습하는 것은 학생 개인의 대인 관계가 더 원만해지게 만듭니다. 그리고 안정적인 인간관계를 바탕으로 발달한 정서 지능을 통해 학습 능력 또한 높일 수 있습니다. 전통적으로 '유교'에서의 예절은 대표적인 관계 기술의 집합체라고 볼 수 있습니다. 사자소학(四子小學)에서는 부자유친(父子有親)부터 부부유별(夫婦有別), 장유유서(長幼有序), 붕우유신(朋友有信) 등 부모-자식, 부부, 웃어른 관계, 친구 관계 등 인간관계에 대해 어릴 때부터 중요하게 가르쳤습니다. 그러나 유교의 예절을 현대 사회에 그대로 대입하기에는 가치관의 변화가 있으므로 변화에 적합한 인간관계 기술을 어려서부터 학습해야 하는데, 현대 사회에 적합한 관계 기술을 예전만큼 중요하게 가르치지 않는 것이 현실입니다. 서구화된 현대 사회에 적합한 새로운 인간관계 기술을 배우되, 기존의 유교 질서에서 적용 가능한 보편적 가치들도 버려서는 안 될 것입니다.

관계 기술을 명시적으로 배운 학생은 정서 발달 속도를 높일 수 있습니다. 이를테면 '나 전달법'을 명시적으로 배운 학생은 '사실-감정-부탁(바람)'을 통해 자신의 감정을 정확하게 전달하여 감정을 지키면서, 상대방과 원활한 갈등 해결을 이룰 수 있게 됩니다. 나아가 갈등 해결의 성취를 반복적으로 이루어 내면 정서를 강화할 수 있게 됩니다. 이 밖에 부모님과의 대화, 선생님과의 대화 등 웃어른과의 대화 방법들을 배우고 긍정적인 인간관계를 쌓아 나가면, 주변인의 정서적 지지를 이끌어 정서 발달 속도를 높일 수 있습니다.

관계 기술을 명시적으로 배운 학생은 학습 능력도 높일 수 있습니다. 다양한 인간관계에서 발생하는 갈등들을 원만하게 해결하지 못한 학생들은 갈등 상황에 매몰되어 많은 에너지와 시간을 빼앗기게 됩니다. 정서가 불안정한 학생들은 집중력도 낮습니다. 안정된 관계에서 오는 정서적 안정감은 감정적 자극을 잘 처리하여 환경이나 조건 등의 외부적 요소에 쉽게 흔들리지 않아 묵묵히 목표를 향해 나아가는 내면의 힘을 갖습니다.

관계 기술로 인한 변화

최근 사회적 갈등 상황에서 모든 갈등을 '법대로 하자'라는 사회적 인식이 확산되고 있습니다. 법은 갈등 해결 과정에서 중요한 방법의 하나이지만 모든 갈등을 법으로 처리할 수는 없습니다. 법은 갈등 해결의 최후의 보루이므로 법대로 해결하자는 사회적 분위기가 형성된다면 도덕성과 회복적 갈등 해결은 그 의미를 잃어버리게 됩니다.

교육부에서 발표한 학교폭력 실태 조사에 따르면 해가 갈수록 학교폭력 피해 사례가 증가하고 있으며 학교폭력 신고 건수도 증가하고 있습니다. 하지만 초등학교 현장에서 학교폭력 담당 교사로 근무하며 접수했던 수많은 학교폭력 사례는 학교폭력이라고 생각되지 않는 것이 현실입니다. 학교폭력보다는 오해에서 비롯되는 학교 갈등이라고 판단되며, 학교 내 갈등 조정 단계에서 대부분 해결됩니다. 그런데 갈등 조정을 통해 해결할 수 있는 학교 갈등조차도 제대로 해결하지 않고, 무작정 법대로 하자며 신고하는 사례가 나날이 증가하고 있습니다. 학교 갈등과 학교폭력을 구분 짓지 않아 모든 갈등을 학교폭력으로 신고한다면 진짜 학교폭력을 해결하는 데 도움이 되지 않습니다. 관계 기술을 배운 학생이 슬기롭게 갈등을 해결한다면, 학교폭력 발생률도 낮추고 학교폭력 해결에 사회적 역량을 집중시킬 수 있습니다.

관계 기술을 학습한 사회 구성원이 많을수록 사회적 규범과 매너가 잘 지켜질 것입니다. 서로를 배려하고 협력하며 존중하는 사회가 될수록 사회의 행복도는 높아집니다. 도덕적인 사회가 될수록 불필요한 사회적 갈등을 줄이고 사회의 한정적인 인적, 물적 에너지를 꼭 필요한 문제 해결에 집중시킬 수 있습니다.

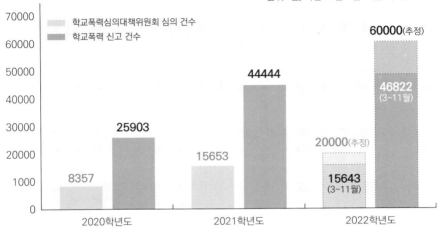

최근 3년간 학교폭력 심의 및 신고 건수[2]

단위: 건/기간: 3월 1일~이듬해 2월 28일

학교폭력심의대책위원회 심의 건수
학교폭력 신고 건수

60000(추정)

44444

46822
(3~11월)

25903

20000(추정)

15653

15643
(3~11월)

8357

2020학년도 2021학년도 2022학년도

---

2   학폭 매년 증가…작년 신고 건수 3년 내 최고치(2023. 03. 01.) https://news.nate.com/
    view/20230301n03065

우리는 모두 친구

● 학년: 1학년

● 사회정서학습: 영역 (주: ⊙, 부: ○)

자기 인식	자기 관리	사회적 인식	관계 기술	책임 있는 의사 결정
			⊙	○

● 사회정서학습(하위 기술)이 필요한 교실 상황

하위 기술	문화 역량 입증
하위 기술이 필요한 교실 상황	저학년 학생에게 '다문화', '문화 다양성'이라는 말 자체가 생소할 수 있다. 특히나, 학급에 다문화 학생이 없을수록 이러한 문제에 대해 인식하기란 어렵다. 그래서 다문화라는 개념에 대해서 너무 세부적으로 설명하면 저학년 학생의 경우 받아들이기 어려울 수 있기에, '살색은 다 달라요' 그림책을 함께 읽으며 친근하게 접근하도록 한다. 나와 다른 피부색이어도 다 같은 '살색'임을 자연스레 배우며 다양성을 존중하는 마음을 기르고, '다양한 살색을 가진 친구들'을 점토로 만들며 이를 내면화한다.

● 활동 설명

1. 그림책을 읽기 전, 경험 나누기

학생들에게 살구색 색연필을 보여 주며 질문을 던진다. "여러분, 선생님이 오늘 이 그림책을 가져온 이유가 있어요. 이 색연필을 한 번 봅시다. 여러분은 평소 이 색연필을 무슨 색연필이라고 부르나요?" 평소 학생들이 "선생님 살색 싸인펜 빌려주세요 / 선생님 살색 색연필이 잘 안나와요." 라고 무심코 많이 말했던 것을 언급하며 동기유발을 한다. 이후 다양한 인종의 얼굴 사진을 보여 주며 학생들에게 경험을 묻는다. "여러분은 주변에 피부색이 우리와 다른 사람을 본 적이 있나요?" 학생들이 평소 접했던 다양한 인종의 사람들 이야기를 들으며 그림책 읽기 활동으로 넘어간다.

2. '살색은 다 달라요' 그림책 읽기

그림책 속에는 주인공 레나부터 시작해서 미나, 카슈미르 씨, 카를로스와 로지타 등 다양한 피부색을 가진 주인공의 이웃이 등장한다. 주인공은 이들의 피부색을 '밝은 코코아빛 갈색', '캐러멜맛 사탕처럼 연한 갈색'등 애정을 담아 칭한다. 학생들에게도 중간중간에 "이 친구의 살색은 뭐라고 이름지어주면 좋을까?" 질문하며 흥미를 유발한다. 주인공이 주변 사람들의 피부색을 그저 그 사람이 가진 특징 중 하나로 자연스럽게 받아들이고, 있는 그대로를 존중해 주는 걸 보며 학생들도 자연스레 주인공과 같은 시선으로 그림책 속 인물을 바라보게 된다.

3. 다양한 '살색'을 가진 친구들 만들기

함께 읽은 그림책 '살색은 다 달라요'의 마지막 장면은 주인공 레나가 주변 이웃들의 얼굴을 그려 멋지게 전시하는 것으로 마무리된다. 레나는 노란색, 빨간색, 흰색을 조금씩 다르게 섞어서 이웃들의 얼굴색을 표현해 낸다. 학생들도 이와 같이, 그림책을 통해 느낀 바를 바탕으로 우리 주변 다양한 '살색'을 가진 친구들을 천사점토로 표현한다. 천사점토의 장점은 싸인펜이나 유성매직, 네임펜 등으로 색깔을 입히면, 입힌 강도에 따라 다양한 색이 연출된다는 점이다. 각자 다양한 피부색을 가진 사람들의 얼굴을 표현하고, 이름도 지어 본다. 친구들에게 소개할 때 "내가 만든 친구는 낙엽같은 갈색 피부를 가진 제니야."와 같이 애정을 담아 소개하도록 한다.

4. 활동 소감 나누기

저학년 학생에겐 아직 다문화, 문화 다양성이라는 개념 자체가 생소하고, 피부색이 다른 타인종 사람들을 실생활에서 만나본 경험이 적기에 이를 너무 심도 있게 다루는 것은 한계가 있다. 그래서 '다문화'에 대해 친근하게 느낄 수 있도록 간단하게 활동을 한 후 소감을 나눠보도록 했더니 "그동안 살구색 색연필을 살색이라고 부른 것에 대해 반성하게 되었어요.", "이렇게 다양한 살색이 있다니 신기하고 다른 나라 친구들도 만나 보고 싶어요." 등등의 소감을 이야기했다.

● 활동 사진

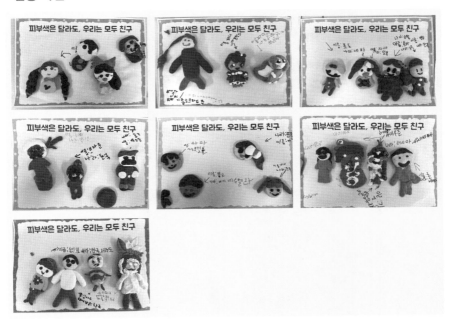

● 활동 시 주의사항

1. 다양한 살색을 가진 친구들을 만들도록 지도할 때 '초록색, 파란색'등 피부색과 전혀 관련 없는 색으로 만들며 장난치는 학생이 있을 수 있으므로 이에 대해 명확하게 안내한다.

2. 활동 후 배운 내용을 일상생활에 적용할 수 있도록 지속적인 피드백과 점검을 통해 돕는다.

● 관련 성취기준

학년군	과목	성취기준
1~2학년군	통합	[2바02-03] 차이나 다양성을 서로 존중하면서 생활한다.
3~4학년군	도덕	[4도02-02] 친구 사이의 배려에 대한 올바른 이해를 바탕으로 일상생활에서 배려에 기반한 도덕적 관계를 맺을 수 있는 방안을 탐색한다.
5~6학년군	도덕	[6도04-01] 편견이 발생하는 이유를 탐색하여 해결 방안을 살펴보고, 다양성 존중을 바탕으로 다른 사람과 올바른 관계를 맺기 위한 실천 방안을 탐구한다.

나는야 고민 해결사! 친구와의 갈등 해결을 도와줘요

● 학년: 1학년

● 사회정서학습: 영역 (주: ⊙, 부: ○)

자기 인식	자기 관리	사회적 인식	관계 기술	책임 있는 의사 결정
		○	⊙	

● 사회정서학습(하위 기술)이 필요한 교실 상황

하위 기술	갈등을 건설적으로 해결
하위 기술이 필요한 교실 상황	1학년 교실에는 하루에도 수십 번 크고 작은 싸움들이 발생한다. 들어 보면 정말 사소한 것이 대부분이지만, 아직 자기 의사표현을 명확하게 하는 것을 어려워하는 학생이기에 제대로 사과를 주고받지도 못한채로 갈등이 종료되는 경우가 많다. 학생들에게 그동안의 인생에서 '친구 사이에 겪었던 갈등 상황'을 적어 보도록 한 다음, 모둠이 함께 힘을 모아 그 상황에 적절한 해결 방법을 제시해 보도록 한다. '백짓장도 맞들면 낫다'라는 속담이 있듯, 친구들이 제안한 해결 방법을 조합하여 가장 바람직한 '갈등 해결 방법'을 모색할 수 있을 것이다.

● 활동 설명

1. 내가 겪은 〈친구와의 갈등 상황〉 떠올리기

무턱대고 "네가 겪은 갈등 상황을 적어봐!" 라고 안내하면 학생들이 막막해 하거나, 이미 해결된 갈등 상황을 적을 수도 있다. 학생들에게 "여러분이 그동 안 살면서 학교나, 학원, 놀이터, 유치원 등에서 겪었던 친구와의 갈등 중, 제대 로 해결되지 않은 채로 끝나서 아쉬움이 남거나 여전히 속상한 마음이 남아있는 경우를 떠올려 보세요."라고 안내한다. 생각이 잘 떠오르지 않는 학생은 주변에서 목격했던 갈등 상황을 적어도 괜찮다고 안내한다. 이때 주의점을 명확히 안내한다. "오늘 우리가 하는 고민 해결사 활동은 친구 중 누군가를 이르려는 것이나, 신고하려는 것이 목적이 아닙니다. 여러분 한 명 한 명의 고민을 듣고 함께 '해결'하는 것이 목적이기 때문에, 절대로 친구의 이름을 적지 않도록 합니다."

2. 고민 해결사 활동

아무래도 1학년 학생이기에 고민을 떠올려 적는 것을 어려워하는 학생이 많다. 따라서 교사가 학생들이 적은 활동지를 수합해 확인한 뒤, 학생끼리 해결하기에 적절한 고민을 절반 정도 추린다. 그다음 3-4명씩 모둠을 배치해서, 모둠당 2장씩 고민 종이를 배부한다. 이때 고민의 주인공이 누구인지 추측하는 것에 집중할 수 있으므로, 이름 부분은 잘라서 익명으로 준다. 모둠별로 함께 머리를 맞대고 고민해 보며 고민의 주인에게 해결 방법을 적어 준다. 대부분의 고민은 다른 학생도 한 번씩 겪어 보았던 갈등 상황들이기에, 본인이 그런 상황을 겪었을 때의 경험을 떠올려 적절한 해결책을 낼 수 있다. 아무래도 1학년이기에 엄청나게 참신하거나 기발한 해결 방법을 모색하기는 한계가 있지만, 스스로 해결책을 생각하는 과정에서 갈등 해결 기술을 함양할 수 있다.

3. 고민 주인공에게 해결책 선물하기

모둠별로 함께 해결 방법을 적고 교사에게 제출한다. 교사는 그 다음 교시에 해당 고민의 주인공을 앞에 부르고 친구들이 적어 준 해결 방법 종이를 선물한다. 고민의 주인공인 학생은 친구들이 적어 준 해결 방법들에서 좋은 점들을 조합해서 가장 바람직한 갈등 해결 방법을 결정한다. 함께 친구의 고민과 고민 해결방법을 나누는 과정을 통해 고민의 당사자 또한 바람직한 갈등 해결 방법을 얻을 수 있고, 모둠끼리 모여 친구의 갈등 해결을 도와준 반 학생 모두 갈등 해결 기술을 함양할 수 있다.

● 활동 사진

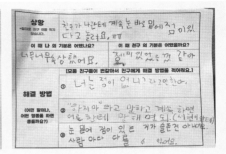

● 관련 성취기준

학년군	과목	성취기준
1~2학년군	국어	[2국02-04] 인물의 마음이나 생각을 짐작하고 이를 자신과 비교하며 글을 읽는다.
	통합	[2바03-04] 공동체 속에서 지속가능성을 위한 삶의 방식을 찾아 실천한다.
3~4학년군	사회	[4사08-02] 지역에서 이루어지는 민주주의 사례를 통해 주민 자치와 주민 참여의 중요성을 파악하고, 지역사회의 문제 해결에 참여하는 태도를 기른다. [4사09-01] 생활 주변에서 찾을 수 있는 여러 가지 문제를 파악하고, 그 문제를 합리적으로 해결하는 능력을 기른다.
5~6학년군	도덕	[6도03-04] 다른 나라 사람들이 처한 여러 가지 상황을 종합적으로 이해하고 해결 방안을 탐구하며 인류애를 기른다.
	국어	[6국02-04] 문제 상황과 관련된 다양한 관점의 글을 읽고 이를 문제 해결에 활용한다.

징검다리 만들기 놀이

● 학년: 2학년

● 사회정서학습: 영역 (주: ⊙, 부: ○)

자기 인식	자기 관리	사회적 인식	관계 기술	책임 있는 의사 결정
	○		⊙	○

● 사회정서학습(하위 기술)이 필요한 교실 상황

하위 기술	효과적인 의사소통
하위 기술이 필요한 교실 상황	즐겁게 놀이를 시작하지만, 놀이 중 규칙을 지키지 않거나 서로의 마음을 상하게 대화하여 갈등이 생기는 문제가 발생하곤 한다. 놀이 시작 전 학생의 말로 규칙을 이야기하면서 행동에 대한 기준과 책임감을 가질 수 있게 돕는다. 또한 같은 팀과는 소통하며 협력하고, 팀끼리 경쟁 속에서 자신의 팀과 상대팀에 필요한 의사소통 능력을 경험시킬 수 있다. 놀이 중 갈등 상황이 생기면 교사는 그 상황을 활용해 새로운 주의할 점을 같이 이야기 나눌 수 있다. 또한 놀이 후 성찰 일기를 쓰면서 자신의 놀이 과정을 되돌아보고, 새로운 마음가짐으로 교실의 문제를 함께 수정해 나가는 시간이 될 것이다.

● 활동 설명

1. 놀이 전 규칙 이야기하기

놀이 전에 지켜야할 규칙과 관련된 미덕을 이야기 나눈다. 국어 시간에도 고운 말로 자신의 생각과 마음을 표현하는 방법을 배웠기 때문에 이를 연결하여 이야기해도 좋다. 놀이하기 전 지켜야 하는 것을 학생 스스로 이야기 나누면 기준이 생겨서 놀이 중에 도움이 된다. 놀이를 할 때는 서로 화내지 않고 말하며, 친구가 이야기할 때는 끼어들지 않고 경청하고, 적당한 목소리로 필요한 대화를 할 것을 약속할 수 있다. 또한 놀이에는 진심으로 즐겁게, 적극적으로 참여할 것을 학생들이 말로 약속하며 놀이를 준비하고, 교사는 놀이 방법을 설명한다.

2. 징검다리 만들기

팀을 두 개로 나누고, 팀원 당 한 개씩 원마커를 제공한다. 팀별로 가지고 있는 원마커를 어떻게 놓아야 할지 생각하면서, 상대팀이 건너는 징검다리를 만들 수 있도록 3분정도 제공한다. 팀원이 가지고 있는 원마커를 놓아야 할 곳을 이야기 해 주기도 하고, 직접 연습해 보면서 어려운지 쉬운지 판단해 보며 같이 놓은 위치를 조정하기도 한다. 3분이 끝나면 교사는 팀별로 놓은 징검다리가 건너가기에 불가능한 위치에 있지는 않은지 확인하여, 조금씩 위치를 조정할 필요가 있다.

3. 징검다리 건너기

상대팀이 만든 징검다리 앞에 한 줄로 서서 출발 준비를 한다. 교사가 출발 신호를 주면 제일 앞에 있는 학생부터 출발하고 다음 학생들도 바로바로 출발한다. 끝까지 건너간 사람은 자리에 앉아서 팀원을 응원하며 기다린다. 중간에 징검다리를 밟지 못한 학생은 처음으로 돌아가서 다시 도전을 해야 한다. 도착한 학생들도 심판이 되어 징검다리에 닿지 않은 친구에게 알려주는 역할을 한다.

4. 놀이 반복하기

모든 팀원이 다 도착한 팀이 이기는 것이고, 여러 번 반복하여 놀이하면 좋다. 상대팀이 놓은 방법을 보고 자신의 팀이 놓는 방법을 수정하기도 하고, 상대팀이 쉬워하는지, 어려워하는지에 따라 새로운 전략을 이야기 나누는 모습을 볼 수 있다. 놀이 마무리에는 서로 아쉽고 속상한 점이 있더라도 그 자리에서 끝내고 반으로 돌아갈 수 있도록 인사 시간을 갖는다. 스스로에게 수고했다고 토닥토닥하고, 상대팀 때문에 속상했어도 그 팀이 있었기 때문에 이런 놀이를 할 수 있었음을 인지시키고 서로에게 수고했다고 인사를 한다. 또한 속상하게 만든 부분에 대해서 미안하다는 말도 같이 나누도록 한다.

5. 놀이 후 성찰 일기 쓰기

놀이 후에는 자신과 모둠에 칭찬할 점과 반성할 점을 되돌아보며 성찰 일기를 쓴다. 오늘 했던 놀이에 대한 내용, 그 놀이를 하면서 든 생각으로 칭찬과 반성의 내용을 쓴다. 마무리로 반성한 부분을 다음에는 어떻게 하면 좋을지 다짐하는 내용을 쓴다. 칭찬으로 자신과 놀이 과정에 대한 긍정적인 마음을 남겨 속상하고 짜증나는 마음을 달랠 수 있고, 반성을 통해 놀이하면서 있었던 문제점을 스스로 확인하여 친구들과도 긍정적인 관계를 유지할 수 있다.

● 활동 사진

● 활동 시 주의사항

1. 모든 교실 놀이, 신체 활동에서 놀이 전에는 기준을 정하고 시작하는 것
   이 필요하다.

2. 놀이 중 갈등이 생기는 것은 당연하다. 이를 어떻게 해결할지 생각하고 해
   결할 수 있도록 지도하는 것이 중요하다. 학생들이 바르고 고운말로 의견
   을 나눌 수 있도록 교사가 지켜보고 돕는 것이 필요하다.

3. 자신의 행동에 대한 성찰을 어려워할 수 있으므로, 놀이하면서 있었던 문
   제들을 같이 이야기 나눠 보면 좋다. 말투나 참여 정도 등의 예시를 제공
   할 수 있다.

4. 반성뿐만 아니라 자신이나 우리 반 친구에게 칭찬할 점을 찾아 긍정적인
   생각을 할 수 있도록 도와주며, 앞으로의 다짐도 적어 보도록 안내한다.

● 관련 성취기준

학년군	과목	성취기준
1~2학년군	국어	[2국01-02] 바르고 고운 말로 서로의 감정을 나누며 듣고 말한다. [2국01-03] 상대의 말을 집중하여 듣고 말차례를 지키며 대화한다.
	통합	[2즐01-01] 즐겁게 놀이하며, 건강하고 안전하게 생활한다. [2즐01-03] 가족이나 주변 사람과 소통하며 어울린다.
3~4학년군	체육	[4체02-01] 스포츠의 의미와 유형을 파악한다.
5~6학년군	영어	[6영02-10] 의사소통 활동에 흥미와 자신감을 가지고 참여하여 협력적으로 수행한다.
	체육	[6체02-11] 스포츠 활동에 참여하며 팀원과 협력하고 구성원을 배려한다.

복명복창, 나 전달법

● 학년: 3학년

● 사회정서학습: 영역 (주: ⊙, 부: ○)

자기 인식	자기 관리	사회적 인식	관계 기술	책임 있는 의사 결정
			⊙	○

● 사회정서학습(하위 기술)이 필요한 교실 상황

하위 기술	긍정적인 관계 개발
하위 기술이 필요한 교실 상황	**손윗사람과의 긍정적인 관계 개발 기술 – 복명복창** 우리나라는 손윗사람에게 공손한 태도를 보이는 것을 미덕으로 여긴다. 그러나 최근에는 공손과 예절의 가치가 평등이나 권리에 비해 약해졌다. 인간관계에서 손윗사람에게, 특히 학생을 가르치는 부모님이나 선생님에게 공손한 태도를 보이면 한결 긍정적인 관계가 된다. 대표적인 기술이 군대에서 사용하는 복명복창이다. 너무 수직적인 느낌일 수 있지만 상대방이 말하는 것을 한번 더 말하는 것일 뿐이다. 예를 들어 식당에서 손님이 종업원에게 사이다와 젓가락 한 벌을 갖다 달라고 요청했을 때, "네"라고만 대답해도 되지만 "네. 사이다와 젓가락 한 벌 갖다 드리겠습니다."라고 답을 하면 훨씬 신뢰가 생긴다. 학생이 복명복창을 활용하면 오해가 발생하지 않고, 어른들의 말에 귀를 기울이게 되므로 공손한 태도로 긍정적인 관계를 형성할 수 있다. **친구와의 긍정적인 관계 개발 기술 – 나 전달법** 학교에서 학생은 의사소통 기술이 서툴러 다양한 갈등 상황이 발생한다. 갈등 상황을 해결할 수 없어서 더 큰 갈등 상황을 만들게 되거나, 교사에게 도움을 요청하기도 한다. 학생이 겪는 갈등 상황의 핵심은 서로 문제가 무엇인지 모르는 데서 오는 '오해'다. 이 때 '나 전달법'을 통해

나의 문제가 무엇인지 정확하게 전달하여 서로 생각하는 문제가 무엇인지 명확하게 하면, 나머지 갈등 해결 단계는 자연스럽게 이루어진다. 의식적으로 나 전달법 단계를 외워서 갈등 상황에 적용하며 연습하면, 친구와 긍정적인 관계를 형성하는 데 큰 도움이 된다.

● 활동 설명

1. 복명복창의 장점과 방법 알기

학생들은 무엇이든지 자신의 삶에서 도움이 된다고 느낄 때 배움의 욕구가 생긴다. 그래서 교사나 부모님께 긍정적인 관계를 삼을 때 가장 효과적이고 남다른 특별한 기술을 배울 것임을 상기시킨다. 복명복창의 방법을 배우고 언제 적용하면 좋을 지도 학습한다.

단계 1. 상대방의 지시를 경청한다.

단계 2. 대답을 하고 지시한 바를 한번 더 말해 확인한다.

2. 역할극하기

짝과 함께 역할극을 하며 복명복창에 대해 연습한다. 교사는 다양한 상황을 제시하고 그에 따른 답변을 수행한다.

ex) 교사 역할: 어떤 상황에도 폭력은 안 되는 거야.

학생 역할: 네. 알겠습니다. 어떤 상황에도 폭력은 사용하지 않겠습니다.

3. 나 전달법의 장점과 방법 알기

친구와 갈등을 겪었던 상황들을 발표한다. 그 갈등에서 서로 느꼈던 문제가 무엇인지 말하도록 한다. 서로 생각하는 문제가 다를 때, 서로 생각하는 문제가 무엇인지 정확하게 말을 하여 함께 해결할 문제를 확인한다. 나 전달법 단계인 '사실-감정-부탁'을 기억하게 한다.

4. 역할극하기

나 전달법을 갈등 상황에서 적용하는 연습을 한다. 교사는 다양한 상황을 제시한다. 그 상황에 맞는 적절한 나 전달법 대화 방법을 말하도록 연습시킨다.

상황 1. 급식 시간에 친구가 새치기를 하여 기분이 나쁜 상황

상황 2. 친구가 복도에서 뛰다가 교실에서 나오는 나와 부딪혀서 아픈 상황

상황 3. 친구가 잃어버린 물건을 내가 가져갔다고 오해한 상황

● 활동 시 주의사항

1. 학생이 긍정적 관계 기술들을 배웠을 때 스스로에게 도움이 될 것이라고 생각하도록 동기 유발한다.

2. 긍정적 관계 기술을 알기 전과 후를 비교하여 알고 적용할 때 인간관계가 어떻게 달라질지 말해 보도록 유도하여 내적 동기를 강화한다.

3. 긍정적 관계 기술 이름과 단계를 명시적으로 알게 하고 수시로 반복하여 복습하고 점검한다.

4. 역할극을 할 때 다양한 문제 상황들을 학생 스스로 생각하고 적용해 보게 하여 자신의 삶에 직접적으로 적용할 수 있게 연습한다.

● 관련 성취기준

학년군	과목	성취기준
1~2학년군	국어	[2국01-06] 바르고 고운 말을 사용하여 말하는 태도를 지닌다.
3~4학년군	도덕	[4도02-03] 공감의 태도가 필요한 이유를 이해하고 도덕적 상상력을 바탕으로 대상과 상황에 따라 감정을 나누는 방법을 탐구하여 실천한다.
5~6학년군	국어	[6국05-04] 일상생활의 경험을 이야기나 극의 형식으로 표현한다.

나만의 비밀 친구

● 학년: 1~6학년

● 사회정서학습: 영역 (주: ◉, 부: ○)

자기 인식	자기 관리	사회적 인식	관계 기술	책임 있는 의사 결정
			◉	

● 사회정서학습(하위 기술)이 필요한 교실 상황

하위 기술	다른 사람에게 도움을 주는 방법
하위 기술이 필요한 교실 상황	비밀 친구 활동은 학생들 사이에 긍정적인 관계를 형성하고, 관계 기술(사회적 기술)을 발달시키는 데 도움을 준다. 특히, 학급 내에서 관계 맺기에 소극적이거나 갈등으로 인해 교우관계에 어려움이 있는 학생에게 자연스럽게 다른 학생과 긍정적 교류를 할 수 있는 기회를 제공한다. 학급에서 특정 학생을 소외시키는 문제나 그룹 간 대립이 있는 경우에도 비밀 친구 활동을 통해 학생들이 서로 관심과 도움을 주고받으며 교실 분위기를 긍정적으로 개선할 수 있다.

● 활동 설명

1. 준비 단계

활동 시작 전, '친구에게 관심을 가지고 도움이 필요할 때 도와주기', '친구를 돕는 작은 행동이 얼마나 큰 기쁨이 되는지 배우기'와 같이 비밀 친구 활동의 목적을 명확히 안내한다. 단순히 재미를 위한 활동이 아니라, 서로 도움을 주고받으며 배려와 협력의 가치를 배우는 교육임을 강조한다.

비밀 친구를 정하는 방법은 무작위 추첨 방식으로 학급 내 학생이 골고루 새로운 관계를 형성할 수 있도록 하되, 학급의 상황에 따라 갈등 상황 예방을 위해 교사가 비밀 친구를 정해 주는 방식도 가능하다.

비밀 친구가 정해진 후, 활동 기간, 비밀 친구의 역할 및 수행 방법, 활동 시 주의사항 등 구체적인 활동 규칙을 정한다. 이때, 원활한 비밀 친구 활동을 위해 '매일 3가지 도움 주기', '도울 일이 없는 경우, 칭찬이나 응원 3번 하기' 등 비밀 친구로서 해야 할 일을 명확하게 정해 주는 것이 필요하다.

2. 실천 단계

비밀 친구가 도움이 필요할 때, 도움을 줄 수 있도록 친구에게 관심을 가지고 관찰하도록 한다. 큰 도움이 아니어도 괜찮으니 작은 관심을 표현하는 것에서부터 시작하여 비밀 친구 역할을 꾸준히 실천할 수 있도록 한다.

비밀 친구 활동지, 체크리스트 등을 활용하여 활동 기간 동안 비밀 친구 역할을 잘 수행하고 있는지 매일 기록하도록 하면, 역할 수행을 잊어버리지 않고 꾸준히 실천할 수 있다.

실천 과정 중 교사는 모든 학생이 비밀 친구 활동에 적극적으로 참여하고 있는지, 친구의 관심과 도움을 적절히 받고 있는지 점검하여 소외되는 학생이 발생하지 않도록 한다.

3. 마무리 단계

활동을 마무리하며 비밀 친구를 공개하고, 받은 도움에 대한 고마움을 전하는 시간을 갖는다. 나의 비밀 친구가 누구였는지 퀴즈로 맞춰 보도록 하면 비밀 친구 공개 시간을 더욱 재미있게 진행할 수 있다.

"비밀 친구 활동을 하며 가장 기억에 남는 일은 무엇인가요?", "비밀 친구를 도와줄 때 어떤 생각이나 느낌이 들었나요?", "다음에는 어떤 방법으로 친구를 도와주고 싶나요?" 등 경험과 소감을 나눌 수 있는 질문으로 활동을 성찰하고 다른 사람과 도움을 주고받는 일의 기쁨과 보람을 느끼도록 한다.

● 활동 시 주의사항

1. 관계 맺기에 소극적인 학생은 비밀 친구에게 먼저 다가가는 것을 어려워하거나 주저할 수 있으므로, 활동 전 교사가 직접적인 도움 외에도 칭찬, 응원 등 간접적인 도움을 주는 참여 방법을 다양하게 소개하여 부담을 덜어 주도록 한다.

2. 비밀 친구로부터 많은 도움을 받는 학생과 도움을 받지 못하는 학생의 차이가 발생할 수 있으므로, 활동 중 교사가 학생들의 실천 상황을 점검하고 적절한 피드백을 제공하는 것이 필요하다. 활동 기간 중 중간 점검 시간을 가지면 비밀 친구에게 관심을 갖지 않거나 도움을 주지 않는 학생으로 인한 문제를 해결할 수 있다.

3. 활동 결과를 공유할 때, 비밀 친구가 역할을 잘했는지 평가하거나 다른 친구와 비교하는 말은 절대 하지 않도록 지도한다. 서로 도움을 주기 위해 노력한 점을 칭찬하기, 자신이 받은 도움에 감사를 표현하기, 일상생활 속에서 꾸준히 친구 돕기를 실천하도록 독려하기를 통해 서로 도움을 주고받는 일에 익숙해지도록 활동을 마무리하여 긍정적인 학급 분위기를 형성하도록 한다.

● 관련 성취기준

학년군	과목	성취기준
1~2학년군	통합	[2바01-03] 가족이나 주변 사람을 배려하며 관계를 맺는다. [2바04-03] 여럿이 하는 활동에 관심을 갖고 자발적으로 협력한다. [2즐01-03] 가족이나 주변 사람과 소통하며 어울린다.
3~4학년군	도덕	[4도02-02] 친구 사이의 배려에 대한 올바른 이해를 바탕으로 일상생활에서 배려에 기반한 도덕적 관계를 맺을 수 있는 방안을 탐색한다.
5~6학년군	도덕	[6도02-02] 편견이 발생하는 이유를 탐색하여 해결 방안을 살펴보고, 다양성 존중을 바탕으로 다른 사람과 올바른 관계를 맺기 위한 실천 방안을 탐구한다.

나만의 비밀 친구

이름 (   )

🎈 매일 3가지 도움 실천 점검표

: 비밀 친구를 위해 한 일(친구 도와주기, 칭찬하기, 격려하기 등)을 간단하게 쓰기

날짜	1일차	2일차	3일차	4일차	5일차
도움 1					
도움 2					
도움 3					

🎈 비밀 친구 활동을 하며 가장 기억에 남는 일은 무엇인가요?

💡 비밀 친구를 도와줄 때 어떤 생각이나 느낌이 들었나요?

💡 다음에는 어떤 방법으로 친구를 도와주고 싶나요?

하나의 마음으로 글씨쓰기

● 학년: 6학년

● 사회정서학습: 영역 (주: ◉, 부: ○)

자기 인식	자기 관리	사회적 인식	관계 기술	책임 있는 의사 결정
			◉	

● 사회정서학습(하위 기술)이 필요한 교실 상황

하위 기술	팀워크 및 협업 문제 해결 연습
하위 기술이 필요한 교실 상황	학생들은 종종 협력 과정에서 자신의 역할을 명확히 하지 못하거나, 서로의 의견을 조율하지 못해 팀워크를 유지하는 데 어려움을 겪는다. 이 활동은 학생들이 서로 협력하며 문제를 해결하는 경험을 통해 효과적인 의사소통과 조율의 중요성을 배우고, 공동의 목표를 이루기 위해 노력하는 방법을 익히도록 돕는다. 이러한 과정을 통해 학생들은 협업의 가치를 이해하고 실천할 수 있다.

● 활동 설명

1. 도구 준비하기

교사는 각 모둠에 보드 마커에 실을 매단 준비물을 제공한다. 실은 4개로 나뉘며, 각 학생이 한 가닥씩 잡을 수 있도록 구성한다. 이때 학생들에게 활동의 목표(함께 글씨 쓰기)를 설명하고, 각자의 역할이 모둠 전체의 결과에 영향을 미친다는 점을 강조한다.

2. 협력하여 글자 쓰기

학생들은 각자 실을 잡고, 협력하여 주어진 단어를 함께 써 본다. 예를 들어, 오늘의 핵심 영단어를 쓰거나 간단한 알파벳을 써 보는 것으로 시작하고, 익숙해지면 더 긴 단어를 써보도록 한다. 활동 중에는 모둠원과 소통하며 실을 당기는 강도와 방향을 조절해야 한다. 교사는 학생들이 서로 의견을 나누며 작업할 수 있도록 유도한다.

3. 결과물 공유 및 피드백 나누기

각 모둠은 완성된 단어를 발표한다. 모둠 활동 중 어려웠던 점과 잘 협력했던 순간을 이야기하며, 효과적인 팀워크를 위한 방법을 함께 논의한다. 교사는 각 모둠의 긍정적인 점을 칭찬하며 협력의 중요성을 강조한다.

4. 활동 확장하기

학생들에게 이번 활동에서 배운 협력 기술을 학급 활동이나 다른 과목의 프로젝트에 적용할 수 있는 방법을 생각해 보도록 한다. 예를 들어, 고무줄에 실을 연결하여 컵을 옮기는 활동으로 발전시킬 수 있다.

● 활동 사진

 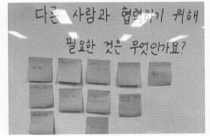

● 활동 시 주의사항

1. 실을 잡고 움직이는 과정에서 과도한 힘을 주지 않도록 안내한다.
2. 협력 과정에서 의견 충돌이 발생할 경우 서로를 존중하며 해결하도록 유도한다.
3. 활동 결과물의 완성도보다는 협력 과정에서의 소통과 참여를 중점적으로 평가한다.
4. 팀원 모두가 고르게 참여할 수 있도록 확인하며 필요한 경우 도움을 제공한다.

● 관련 성취기준

학년군	과목	성취기준
1~2학년군	통합	[2즐01-03] 가족이나 주변 사람과 소통하며 어울린다.
3~4학년군	체육	[4체02-01] 스포츠의 의미와 유형을 파악한다.
5~6학년군	영어	[6영02-10] 의사소통 활동에 흥미와 자신감을 가지고 참여하여 협력적으로 수행한다.
	체육	[6체02-11] 스포츠 활동에 참여하며 팀원과 협력하고 구성원을 배려한다.

책임 있는 의사 결정

책임 있는 의사 결정: 복잡한 현대 사회에서의 필수 역량

우리가 살아가는 사회는 빠르게 변화하는 기술, 넘쳐 나는 정보, 그리고 복잡하게 얽힌 문제로 가득합니다. 정보는 끝없이 쏟아져 나오고, 기술과 사회는 하루가 다르게 변하고 있습니다. 이런 변화 속에서 학생이 주체적인 사회 구성원으로 성장하기 위해서는 상황을 제대로 분석하고 합리적으로 판단할 수 있는 책임 있는 의사 결정 능력이 꼭 필요합니다. 이는 단순히 개인적인 문제를 해결하는 데 그치지 않고, 공동체와 사회의 지속가능성을 위해 반드시 갖춰야 할 중요한 기술입니다.

책임 있는 의사 결정 능력은 학생에게 선택의 순간에서 올바른 결정을 내릴 수 있는 힘을 길러 줍니다. 예를 들어, 친구와 다툼이 생겼을 때 문제를 잘 해결하거나, 모둠 활동 중에 서로의 역할을 정하고 협력하는 데에도 유용합니다. 더 나아가, 환경 보호와 같은 사회적인 문제나 개인 정보를 안전하게 지키는 일처럼 중요한 주제에 대해서도 고민하며, 자신의 선택이 주변 사람들과 사회에 어떤 영향을 미칠지 생각해 볼 수 있습니다. 이렇게 책임 있는 결정을 내리는 과정에서 학생들은 좋은 해결책을 함께 찾아가는 법을 배워 갑니다. 이 능력은 단순히 개인적인 문제를 해결하는 데 그치지 않고, 지역사회와 더 넓은 세계에 긍정적인 변화를 만들어 내는 데 기여할 수 있습니다.

책임 있는 의사 결정을 왜 가르쳐야 할까?

책임 있는 의사 결정을 가르치는 핵심은 학생이 자신과 타인의 행복, 그리고 지역사회와 세계의 안녕을 위한 선택을 할 수 있도록 돕는 데 있습니다. 이 교육을 통해 학생은 여러 선택지를 분석하고, 데이터를 기반으로 판단하며, 자신이 내린 선택이 어떤 결과를 가져올지 미리 예측하는 방법을 배우게 됩니다. 단순히 눈앞의 문제를 해결하는 데 그치지 않고, 더 나아가 지속가능한 미래를 설계할 수 있는 사고방식을 기르는 데 초점이 맞춰져 있습니다.

예를 들어, 모둠 활동을 진행하며 서로 다른 의견을 조율하는 과정은 책임 있는 의사 결정을 연습하는 훌륭한 기회가 됩니다. 학생은 자신의 생각만을 고집하는 대신, 다른 사람의 입장을 존중하고 상대의 생각을 고려하며 타협점을 찾아가는 법을 배웁니다. 이러한 경험은 단순히 학교 안에서만 유용한 것이 아닙니다. 지역사회의 환경 보호 활동에 참여하거나, 기후 변화 문제에 대한 해결 방안을 고민하는 과정에서도 이런 능력은 크게 도움이 됩니다. 이를 통해 사회적 책임을 실천하는 법을 자연스럽게 익힐 수 있습니다. 또한, 책임 있는 의사 결정은 학생에게 민주적 시민으로서의 역할을 깨닫게 해주는 중요한 과정이기도 합니다. 자신의 선택이 가족, 친구, 지역사회, 나아가 사회의 제도와 구조에 어떤 영향을 미칠 수 있는지 스스로 생각해 보게 만듭니다. 이를 통해 자신의 결정에 대해 책임감을 느끼고, 다른 사람과 협력하여 더 나은 결과를 만들어 가는 방법을 배우게 됩니다. 예를 들어, 쓰레기를 분리배출하는 캠페인을 기획하거나, 지역사회의 문제를 해결하기 위한 자원봉사 활동에 참여하면서 자신의 선택이 실제로 긍정적인 변화를 가져올 수 있음을 몸소 체험하게 됩니다. 이러한 교육은 단순히 '옳은 선택을 하는 방법'을 알려주는 것이 아니라, 그 선택이 자신과 타인, 그리고 사회에 어떤 영향을 미치는지 깊이 고민하게 만들고 나아가 더 나은 사회를 만들어가는 힘을 길러 줍니다.

책임 있는 의사 결정으로 인한 변화

책임 있는 의사 결정을 배우고 실천하는 과정은 현재의 삶에서 의미 있는 선택을 하고, 성숙한 시민으로 성장하는 데 꼭 필요한 과정입니다. 이 능력은 단순히 단기적인 문제를 해결하는 데서 끝나지 않습니다. 자신의 선택이 개인적인 성취뿐만 아니라 사회적 가치를 높이는 데 얼마나 큰 영향을 미치는지 스스로 고민하고, 이를 성찰하며 성장하게 됩니다.

책임 있는 의사 결정은 자율성과 협동심을 동시에 키우는 기회를 제공합니다. 스스로 자신의 선택에 책임지는 법을 배우는 한편, 다른 사람과 협력하여 더 나은 결과를 만들어 가는 과정을 경험합니다. 예를 들어, 학급에서 각자 맡은 역할을 충실히 수행하면서도 다른 학생과 함께 목표를 이루기 위해 노력하는 경험은 자율성과 협동심을 기르는 데 큰 도움을 줍니다. 이런 경험은 단순히 학교생활에만 그치는 것이 아니라, 나중에 성인이 되어 복잡한 사회 문제를 해결하는 데도 중요한 기반이 됩니다.

책임 있는 의사 결정을 가르치는 것은 단순히 학생 개인의 성장만을 목표로 하지 않습니다. 이 과정은 사회적 책임감을 심어 주고, 지속가능한 사회를 설계하는 데 필요한 사고방식을 길러 줍니다. 자신의 선택을 통해 주변 사람들과 사회에 긍정적인 영향을 미칠 수 있다는 사실을 깨닫게 되는 순간, 책임 있는 의사 결정은 단순한 교육과정을 넘어 실질적인 사회 변화를 만들어 내는 강력한 도구가 됩니다.

결국, 책임 있는 의사 결정은 학생이 자신만의 가치와 목표를 담아 의미 있는 선택을 할 수 있도록 돕는 데 그 목적이 있습니다. 이러한 과정을 통해 학생들은 더 나은 미래를 만들어가는 데 주도적인 역할을 할 수 있는 역량을 갖추게 될 것입니다.

책임 있는
의사 결정
1

모두를 위한 학급 평화 회의

● 학년: 1학년

● 사회정서학습: 영역 (주: ⊙, 부: ○)

자기 인식	자기 관리	사회적 인식	관계 기술	책임 있는 의사 결정
			○	⊙

● 사회정서학습(하위 기술)이 필요한 교실 상황

하위 기술	주변의 사회적 문제를 탐색하기
하위 기술이 필요한 교실 상황	1학년은 처음으로 학교 생활을 하며 공동체 속 규범을 익히고, 사회성을 기르는 시기이다. 하지만 아직 유아기의 자기중심적인 성향이 남아 있고, 기본 생활 습관이 덜 확립되어 학급에서 이로 인한 문제가 종종 발생한다. 고학년 학급 회의 시스템과 같이 구체적인 해결 방안을 모색하긴 어렵지만, 1학년 학생 또한 학급 회의가 가능하며, 효과적으로 작용할 수 있다. '우리의 문제는 우리 스스로 해결한다'는 구호와 함께 학급의 문제를 탐색하고, 자주적으로 해결하도록 도울 수 있다.

● 활동 설명

1. 학급 평화 회의의 첫 단계: 1분 명상 및 규칙 설명

활동적인 1학년을 원으로 앉혀두고 바로 학급 회의를 시작하면 제대로 된 회의 분위기를 조성하기 어렵다. 따라서 차분한 클래식 음악을 틀고 1분동안 눈을 감은 뒤 들뜬 마음을 가라앉힐 수 있도록 지도한다. 눈을 뜨고 나면, 학급 평화 회의의 중요한 규칙들에 대해 설명한다. "첫째, 무조건 '토킹스틱'을 가진 사람만 말할 수 있어요. 둘째, 학급 평화 회의는 '좋-아-해' 순으로 진행해요. 우리반 친구들의 〈좋은 점〉, 우리반 친구들의 요즘 생활을 돌아보았을 때 〈아쉬운 점〉, 그리고 마지막으로 아쉬운 점 중 제일 해결해야겠다고 생각이 드는 것에 대해 〈해결책 나누기〉입니다." 처음부터 너무 세부적인 규칙을 설명하면 학생들이 기억하기 어려우므로 이 정도로 설명하고 다음 단계로 넘어간다.

2. 우리 반의 '좋은 점' 나누기

우리 반을 떠올리면 생각나는 '좋은 점'도 좋고, 우리 반 친구 중에 '이 친구의 이런 점이 좋아요'를 얘기해도 좋다며 다양한 예시들을 학생들에게 설명하고, 교사가 먼저 시범을 보인다. 돌아가면서 한 명씩 토킹스틱을 들고 발언한다. 이 활동을 통해 학생들은 서로에 대해 격려하는 따뜻한 학급 분위기 속에서 학급 회의에 대한 긴장감을 내려놓을 수 있으며, '발언하는 연습'을 자연스레 할 수 있다.

3. 우리 반의 '아쉬운 점' 나누기

아쉬운 점을 나누기 앞서, 이것을 나누는 이유에 대해 명확히 언급한다. "선생님이 지금 아쉬운 점을 나누자고 이야기하는 이유는 무엇일까요? 여러분의 잘잘못을 가리고, 혼내려고 하는 걸까요? 아닙니다. 우리 반에 발생하는 문제는 우리 반 스스로 해결할 수 있도록 기회를 주기 위함입니다. 이 시간은 친구를 비난하거나 이르는 시간도 아닙니다. 따라서 우리 반의 아쉬운 점, 함께 해결하고 싶은 문제가 떠오르면 그 문제에 대해서만 이야기하고, 절대 누구인지를 정확히 얘기하지 않습니다." 미리 활동 주의점을 안내한 다음, 회의를 진행한다. 우리 반의 '좋은 점' 나누기는 돌아가면서 모두 발언했지만, 우리 반의 '아쉬운 점' 나누기부터는 생각이 난 사람이 손을 들고 발언권을 기다린다. 그러면 토킹스틱을 가진 사람이 '가장 바른 자세로 앉아 있는 친구'에게 건네주는 형식으로 이야기 나누기를 진행하도록 한다. 모두가 다 발언을 하도록 하면 일부 소극적인 학생은 부담을 느낄 수 있기 때문이다. 충분히 이야기를 나눈 후, 한 사람당 2번씩 손을 들어 가장 '해결이 시급한 문제'를 투표로 결정한다. 이때, 투표로 결정된 문제만 남겨 두고 나머지 문제는 지우되, 지우기 전에 다른 문제 또한 중요함을 언급하고 다음 회의 전까지 해결해 볼 수 있도록 당부한다.

4. 아쉬운 점에 대한 '해결책' 나누기

투표해서 가장 많은 득표수를 얻은 문제를 상단에 크게 적어 놓고, 해결책 또한 발언하고 싶은 학생이 토킹스틱을 들고 발언하도록 한다. 이 때, 해결책은 최대한 '구체적'으로 말하며, '체벌적'인 해결책이 아니라 그 행동을 하는 학생에게 '도움이 되는' 해결책을 말하도록 안내한다. 마찬가지로 충분히 이야기를 나눈 후 투표를 거쳐 최종 해결 방안을 결정한다. 사실 저학년 학생의 경우 바람직한 해결 방안을 도출해 내기가 쉽지 않다. 하지만 '학급의 문제를 함께 논의하고 해결 방안을 함께 결정하는 과정' 자체가 학생들의 의사 결정 능력을 키우는 데에 효과적으로 작용할 수 있다.

● 활동 사진

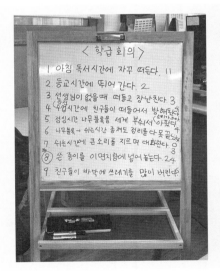

● 활동 시 주의사항

1. 토킹스틱은 푹신푹신한 인형 형태를 활용하는 것이 좋으며, 회의를 위해 보조 칠판을 구비해 놓고 활용하면 좋다.

2. 학급 회의를 하다가 중간중간 소란스러워지거나 흥분하는 경우 회의를 바로 중단하고, 다시 1분 명상 시간을 가져서 회의 분위기를 차분하게 만들도록 한다.

● 관련 성취기준

학년군	과목	성취기준
1~2학년군	통합	[2바01-03] 가족이나 주변 사람을 배려하며 관계를 맺는다. [2바02-03] 차이나 다양성을 서로 존중하면서 생활한다.
3~4학년군	사회	[4사08-01] 학교 자치 사례를 통하여 민주주의의 의미를 이해하고, 학교생활에서 민주주의를 실천하는 능력을 기른다.
5~6학년군	사회	[6사08-01] 민주주의에서 선거의 의미와 역할을 파악하고, 시민의 주권 행사를 위해 선거에 참여하는 태도를 기른다.

마을을 위해 지켜요

● 학년: 2학년

● 사회정서학습: 영역 (주: ⊙, 부: ○)

자기 인식	자기 관리	사회적 인식	관계 기술	책임 있는 의사 결정
			○	⊙

● 사회정서학습(하위 기술)이 필요한 교실 상황

하위 기술	개인 사회적 문제 해결책 찾기
하위 기술이 필요한 교실 상황	학생들은 자신의 편한 상태를 위주로 생각하여 행동하고, 이 행동이 주변에 미칠 영향을 생각하지 못하는 경우가 많다. 이 활동으로 타인에 대한 관심도와 경험이 적은 2학년 학생이 마을에 대해 공부하며 삶의 범위를 나, 가족, 학교에서 마을로 넓혀 갈 수 있다. 마을에서 지켜야 할 예절과 규칙을 이야기하고, 홍보하는 안내 포스터를 만든다. 이 활동을 통해 본인의 행동이 주변에 미치는 영향을 경험하고, 자신의 행동에 책임감 있게 생활할 수 있기를 기대한다.

● 활동 설명

* 마을 교과서가 주가 되어 마을에 대해 조사하고 즐기는 활동을 통해 마을에 대한 관심도와 애정을 만들어 둔 후에 진행한 활동이다.

1. 질서나 규칙이 지켜지지 않아 불편했던 경험 나누기

통합 교과 '마을' 교과서에 실린 「엉망진창 펭귄 마을」 그림책을 읽어 보고 문제점을 이야기 나눈다. 그림책 내용처럼 마을 질서나 규칙이 지켜지지 않은

경험과 그 때 드는 생각과 느낌, 기분을 공유한다. 질서와 규칙이 지켜지지 않으면 불편함과 기분이 좋지 않음을 이야기하며, 마을에도 우리 반처럼 질서와 규칙이 필요함을 느낀다.

2. 공공장소 예절(규칙) 알아보기

공공장소에 대한 의미를 질문하여 공공장소는 많은 사람이 함께하는 장소임을 알고, 마을에서 볼 수 있는 공공장소의 종류를 이야기 나눈다. 장소마다 지켜야 하는 예절과 규칙이 있음을 알고 각각의 공공장소에 따라 지켜야 할 예절(규칙)을 학습지에 채우며 알아본다. 빈칸이 있다면 모둠과 함께 의논하여 찾아 빈칸을 채운 후, 반 전체와 함께 알맞은 내용을 채웠는지 확인한다.

3. 우리 마을을 위해 실천할 내용 정하기

2번의 공공장소 예절을 바탕으로 마을에서 지켜야 하는 것은 어떤 것이 있는지, 왜 지켜야 하는지 떠올린다. 우리가 지켜야 하는 이유는 '안전하기 위해서, 벌금을 내지 않기 위해서, 기분이 상하지 않기 위해서'라는 학생의 말을 들을 수 있었다. 그렇다면 예절과 규칙을 지키면 어떤 점이 좋을지 이야기 나누어 '서로 기분이 좋아지고, 행복하고, 아름다운 마을을 만들 수 있음'을 상기시킨다. 이를 위해 마을 사람들이 지키면 좋을 예절이나 규칙을 안내하는 포스터를 만들어 볼 것을 안내한다.

4. 모둠 친구들과 포스터 만들기

모둠 친구들과 의논하여 마을을 위해 홍보하고 싶은 예절이나 규칙을 정한다. 지난번에 함께 채운 빈칸 학습지를 활용해도 좋고, 새롭게 생각한 내용도 괜찮음을 안내한다. 모둠 친구들과 의논하여 같은 내용을 쓰지 않도록 안내하고, 모둠 친구들과 이야기 나누어 이런 규칙을 지켜 어떤 마을이 되면 좋을지 정하여 제목도 함께 꾸미도록 한다.

5. 소개 및 전시

　모둠 친구와 함께 만든 내용을 우리 반에 소개하고 본인과 본인 주변 사람이 함께 실천할 수 있도록 노력할 것을 다짐한다. 우리 마을에 살고 있는 다른 친구에게도 알리기 위해 학교 복도에 전시하여 마을을 위한 마음을 더 나눌 수 있도록 돕는다.

● 활동 사진

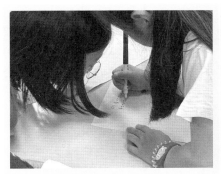
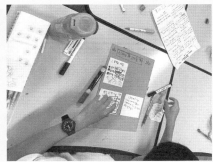

● 활동 시 주의사항

　1. 마을 교과 학습 전에 교실의 문제로 된 규칙을 만들고 토의 하며 모둠 활동이 연습되어 있으면 도움이 된다.
　2. 저학년도 모둠 활동이 가능하지만, 아직 타인의 생각을 반영하거나 의견

모으기를 많이 경험해 본 적이 없어 어려워한다. 갈등이 생기는 모둠이 의견을 모을 수 있는 방법으로 다수결, 가위바위보, 하나 더 만들기 등을 사용하도록 돕는다.

3. 포스터를 만들면서 알게 된 내용을 실천하는지 체크리스트를 활용하거나, 실천한 내용을 바탕으로 일기 쓰기 등을 통해 내면화 할 수 있도록 돕는 추가 활동도 필요하다.

● 관련 성취기준

학년군	과목	성취기준
1~2학년군	통합	[2바02-01] 공동체에서 내가 할 수 있는 일을 찾아보고 실천한다. [2바04-01] 모두를 위한 생활환경을 만드는 데 참여한다.
	국어	[2국06-02] 일상의 경험과 생각을 글과 그림으로 표현한다. [2국01-03] 상대의 말을 집중하여 듣고 말차례를 지키며 대화한다.
3~4학년군	사회	[4사09-01] 생활 주변에서 찾을 수 있는 여러 가지 문제를 파악하고, 그 문제를 합리적으로 해결하는 능력을 기른다.
5~6학년군	사회	[6사12-02] 지구촌을 위협하는 다양한 문제들을 파악하고, 지속가능한 미래를 위한 해결 방안을 탐색한다.

협력 배신 게임

● **학년:** 3학년

● **사회정서학습:** 영역 (주: ⊙, 부: ○)

자기 인식	자기 관리	사회적 인식	관계 기술	책임 있는 의사 결정
			○	⊙

● **사회정서학습**(하위 기술)**이 필요한 교실 상황**

하위 기술	정보, 데이터, 사실을 분석 후 합리적 판단하는 법 학습
하위 기술이 필요한 교실 상황	인생은 선택의 연속이다. 학생들도 살면서 수많은 선택을 하면서 살아간다. 무엇을 선택하느냐에 따라 만나는 사람이 달라지고 삶이 달라진다. 따라서 사람은 최대한 합리적인 선택을 하려고 노력한다. 그러나 개인들 모두가 합리적인 선택만 한다면 학급 전체, 사회 전체로 봤을 때 이익이 될까? 죄수의 딜레마에서 상대방을 배신하는 선택은 개인으로서 합리적인 선택이다. 그러나 죄수 둘 다 상대방을 배신하는 선택을 한다면 둘 모두에게 손해로 돌아온다. 학생의 선택도 마찬가지다. 학생들은 쓰레기를 분리수거하는 대신 몰래 교실 바닥에 버리는 것이 합리적인 선택일 것이다. 그러나 모든 학생들이 교실 바닥에 쓰레기를 버린다면 교실은 쓰레기장이 될 것이다. 이 활동은 학생들이 상대방과 협력하는 것과 배신하는 것 중에 어떤 활동이 더 유리한지 판단해 보게 한다. 처음에는 자유롭게 OX 배신 게임을 하지만, 다음으로 우리 반 전체 점수를 높이는 목표를 설정했을 때는 학생들이 좀 더 협력하도록 유도한다. 이 활동으로 학생들은 윤리·도덕적 규범을 **애써서** 지켜야 하는 이유를 알게 된다. 우리 사회에는 법만 잘 지킨다면 윤리·도덕적 규범은 지키지 않아도 된다는 식의 사고를 하는 사람이 많다. 윤리·도덕적 규범을 애써서 지켰을 때 더 큰 사회적 비용을 줄이고 사회적, 정서적으로 안정적인 사회를 구축할 수 있다는 점을 알 수 있는 활동이다.

● 활동 설명

1. 죄수의 딜레마 알아보기

죄수의 딜레마
당신은 죄수다. 친구와 죄를 저질러 함께 경찰에게 붙잡혔다. 서로 다른 방에서 소통이 불가능한 상태로 심문을 받고 있다. 이때 친구와 당신 모두 죄를 자백한다면 감옥에 5년 갇히게 된다. 당신은 아무 말을 하지 않고 친구만 죄를 자백한다면 친구는 석방, 당신은 감옥에 10년 갇힌다. 반대로 당신은 죄를 자백하고 친구는 말을 하지 않으면 당신은 풀려나고 친구는 감옥에 10년 갇힌다. 둘 다 말하지 않으면 3년간 감옥에 갇힌다. 이때 당신은 죄를 자백하겠습니까?

친구

	말하지 않음	자백
말하지 않음	-3년 / -3년	0년 / -10년
나 자백	-10년 / 0년	-5년 / -5년

2. 합리적인 선택과 분석

학생들이 죄수라면 어떤 선택을 할 것인지 생각해서 이유를 포함하여 쓴다. 말을 하지 않는 선택을 하면 −3년이나 −10년이지만 자백을 한다면 0년 혹은 −5년이다. 그렇다면 자백을 하는 것이 합리적인 선택이지만 둘 다 말하지 않는 선택을 했다면 −3년만 받을 것임을 알게 한다. 개인이 합리적인 선택을 하더라도 합리적이지 않은 결과가 나타날 수 있다.

3. OX 게임 알아보기

협력하거나 배신하는 OX게임의 규칙을 알아본다. 한 사람과 10번의 게임을 시행하는데 1회에 O나 X 카드를 낸다. 이 때 둘 다 O 카드를 내면 둘 모두가 3점을 얻는다. 반대로 둘 다 X를 낸다면 1점씩만 얻는다. 나는 O를 내고 상대방이 X를 낸다면 상대방만 5점을 얻는다. 개인별로 총 점수를 많이 얻는 방법을 생각해 본다.

제출한 카드		얻는 점수	
나	상대방	나	상대방
○	○	3	3
X	X	1	1
○	X	0	5
X	○	5	0

예시) (1) 경기 : 승 (   ), 무 (   ), 패 (○)

	1	2	3	4	5	6	7	8	9	10	합계
나	○	○	○	○	○	○	X	X	X	○	
상대방	○	○	X	X	X	○	○	X	○	○	
나의 점수	3	3	0	0	0	3	5	1	5	3	23

4. OX 게임 개인전 플레이하기

5명과 10번씩 50회의 게임을 하여 가장 합산 점수를 많이 얻도록 게임을 진행한다. 모든 게임이 진행되고 학생들이 받은 합산 점수를 전체 합산한다.

5. 목적을 변형한 OX 게임하기

이번엔 모든 규칙은 동일하지만 학급 전체의 합산 점수가 앞서 했던 5회의 게임보다 높고, 학급 전체 합산 점수가 높도록 목표를 수정하여 진행한다. 마찬가지로 5명과 10번씩 50회 플레이한다. 모든 게임이 진행되고 학생들이 받은 합산 점수를 전체 합산하여 이전에 받은 점수들과 비교한다.

6. 소감 발표 및 적용하기

게임에 적용해서 효과적이었던 전략이나 느낀점을 발표한다. 개인적으로는 합리적인(유리한) 선택(X)이지만, 사회 전체로 모이면 손해를 보는 경우를 실생활에서 찾아보게 한다. 도덕적, 윤리적인 선택을 할 때 개인별로 들어가는 노력이 사회 전체로 봤을 때 이익으로 돌아올 수 있음을 안내한다.

● 활동 사진

● 활동 시 주의사항

1. 학급 전체 목표를 달성했을 때 공동의 목표를 위해 서로 배려하고 협동하는 모습에 대한 칭찬 등으로 소속감을 강화한다.
2. 첫 번째 게임에서 다양한 전략을 세우고 실행하면서 목표에 실패하더라도 좌절하지 않도록 결과에 초점을 두지 않는다.
3. 개인이 이기적으로 행동하는 것이 사회 전체로 봤을 때 이익이 아니며, 그 손해가 결국 자신에게로 돌아올 수 있음을 느낄 수 있도록 유도한다.

● 관련 성취기준

학년군	과목	성취기준
1~2학년군	통합	[2바03-04] 공동체 속에서 지속가능성을 위한 삶의 방식을 찾아 실천한다.
3~4학년군	도덕	[4도02-02] 친구 사이의 배려에 대한 올바른 이해를 바탕으로 일상생활에서 배려에 기반한 도덕적 관계를 맺을 수 있는 방안을 탐색한다.
5~6학년군	도덕	[6도03-02] 정의에 관한 관심을 토대로 공동체 규칙의 중요성을 살펴보고 직접 공정한 규칙을 고안하여 기초적인 시민의식을 기른다.

우리 반 봉사요정

● 학년: 1-6학년

● 사회정서학습: 영역 (주: ⊙, 부: ○)

자기 인식	자기 관리	사회적 인식	관계 기술	책임 있는 의사 결정
			○	⊙

● 사회정서학습(하위 기술)이 필요한 교실 상황

하위 기술	내가 다른 사람을 위해 할 수 있는 일을 찾고, 책임감 있게 수행하기
하위 기술이 필요한 교실 상황	우리 반 봉사요정 활동은 학생들이 각자 역할을 맡아 학급 공동체를 위해 봉사할 수 있는 기회를 제공하며, 교실 내 협력과 배려의 문화 조성에 도움을 준다. 특히 학급 내 갈등이나 공동체 활동의 소극적 참여로 인하여 개인주의적 학급 분위기가 형성되어 있는 문제 상황에서 효과적으로 활용할 수 있으며, 책임감과 공동체 의식을 동시에 키울 수 있다.

● 활동 설명

1. 봉사요정 역할 정하기

① 학급에 필요한 봉사요정 브레인스토밍

'우리 반에 필요한 역할'을 주제로 브레인스토밍을 한다. 이때, 학교 내 다양한 장소(교실, 복도, 급식실 등)와 상황(아침 시간, 수업 시간, 쉬는 시간, 점심 시간, 하교 시간 등)을 교사가 제시하여 어떤 역할이 필요할지 자유롭게 붙임쪽지에 적어 보도록 한다. 브레인스토밍이 끝나면 중복되거나 불필요한 역할을 조정하여 학급 학생 수에 맞추어 최종적으로 필요한 봉사요정 역할 목록을 정리한다.

② 봉사요정 이름 선정

칠판에 정해진 봉사요정 역할 목록을 쓰고 각 역할에 어울리는 이름을 학생들이 자유롭게 붙임쪽지에 써서 붙이도록 한다. 다양한 아이디어가 모이면, 투표를 통해 최종 역할 이름을 선정한다.

③ 봉사요정 지원서 작성 및 선정

정해진 봉사요정 역할 이름을 게시하고 학생들이 각자 원하는 봉사요정 역할에 지원서를 작성하도록 한다. 지원서는 익명으로 작성하되, "왜 이 역할을 하고 싶은가요?", "이 역할을 하는 데 있어 나는 어떤 장점을 가지고 있나요?", "이 역할을 맡으면 어떤 노력을 할 것인가요?" 등의 질문으로 구성하여 역할 수행에 있어 책임감을 가질 수 있도록 한다. 지원서 작성이 끝나면, 학급 전체가 함께 지원서를 확인하고 각 역할을 가장 잘 수행할 것으로 기대되는 지원자를 선정하여 봉사요정을 정한다. 이때, 지원한 역할에 선정되지 못한 학생은 지원자가 없는 역할에 재지원하도록 하여 학급 학생 모두가 역할을 맡을 수 있도록 한다. 지원자가 없는 역할은 학생 간의 협의를 통해 배정하거나, 무작위 추첨으로 교사가 배정하도록 한다.

2. 학급을 위해 봉사하기

학생이 맡은 역할을 성실히 수행하며 학급 공동체를 위해 봉사하면서 자신의 역할을 통해 책임감을 느끼고, 학급 분위기를 더 나은 방향으로 만들어 가는 것이 목표이다. 이를 위해 각 봉사요정이 해야 할 일이 무엇인지 구체적으로 설명하는 것이 필요하다. 저학년의 경우, 교사가 역할별로 역할 설명서를 만들어 제공하는 것이 좋으며, 고학년의 경우, 학생이 직접 맡은 역할의 설명서를 만들어 보며 책임감을 지니고 역할을 수행하게 할 수 있다.

3. 성찰 및 역할 바꾸기

학급에서 정한 봉사요정 역할 수행 기간이 끝나면, 각자 수행한 역할을 되돌아보며, 배운 점과 개선할 점을 공유하고 새로운 봉사요정 역할로 전환한다. 이를 통해 다양한 역할을 경험하고 책임감을 더욱 키울 수 있다.

① 성찰

"이번 봉사요정 역할을 통해 새롭게 배운 점은 무엇인가요?", "어려웠던 점은 무엇이었고, 어떻게 극복했나요?", "다음에 이 역할을 맡는 친구에게 어떤 팁을 주고 싶나요?" 등의 성찰 질문으로 역할 수행 중 느낀 점을 나누도록 한다. 각자의 경험을 나누며 모두가 노력하여 학급에 기여했음을 인식하고, 칭찬하고 격려할 수 있도록 한다.

② 역할 인수인계

다음으로 봉사요정을 맡을 학생이 역할을 더 잘 수행할 수 있도록 역할 설명서를 보완하는 과정이다. 처음 역할을 수행할 때 받은 역할 설명서에 자신의 역할을 수행하며 깨달은 팁과 주의사항 등을 추가로 쓰도록 한다. 역할에 대한 노하우를 서로 공유하면 봉사요정 운영의 연속성을 유지할 수 있다.

③ 새로운 봉사요정 역할 선정

새로운 봉사요정 역할 수행 기간이 되면 동일하게 지원서를 작성하여 봉사요정 역할을 선정하도록 하되, 특정 역할에만 고정되지 않도록 한 학생이 동일한 역할을 두 번 이상 맡을 수 없게 제한하는 것이 필요하다.

● 활동 사진

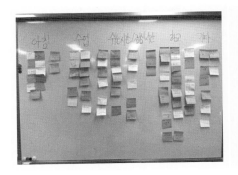 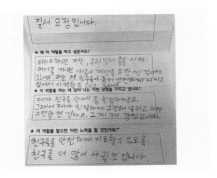

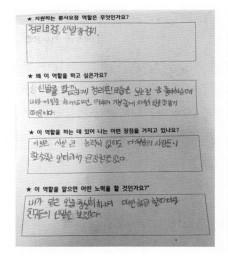 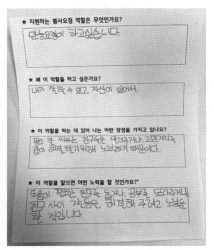

● 활동 시 주의사항

1. 학생들이 특정 역할만 선호하거나 지원을 기피하는 역할이 생길 수 있다. 그러므로, 각 역할의 중요성과 가치를 구체적으로 설명하고, 모든 역할이 학급 운영에 중요한 기여를 한다는 점을 인식시키도록 한다.

2. 봉사활동 역할 수행 기간은 너무 길게 잡지 않도록 하고(4~6주를 추천한다), 역할을 변경하기 전에 충분히 성찰하고 인수인계하는 시간을 가져 새로 역할을 맡은 학생이 혼란을 겪지 않도록 한다.

3. 칠판에 붙임쪽지를 붙이는 방식 대신 띵커벨, 패들렛 등 온라인 수업 도구를 활용하여 활동을 진행하는 방법도 가능하다.

● 관련 성취기준

학년군	과목	성취기준
1~2학년군	통합	[2바02-01] 공동체에서 내가 할 수 있는 일을 찾아보고 실천한다. [2바03-04] 공동체 속에서 지속가능성을 위한 삶의 방식을 찾아 실천한다. [2바04-01] 모두를 위한 생활환경을 만드는 데 참여한다. [2바04-03] 여럿이 하는 활동에 관심을 갖고 자발적으로 협력한다. [2슬01-03] 가족이나 주변 사람에게 관심을 갖고 함께 살아가는 모습을 탐구한다.
3~4학년군	사회	[4사09-01] 생활 주변에서 찾을 수 있는 여러 가지 문제를 파악하고, 그 문제를 합리적으로 해결하는 능력을 기른다.
5~6학년군	도덕	[6도02-01] 봉사의 의미와 중요성을 이해하고, 타인이 처한 상황과 환경에 대한 주의 깊은 관심을 바탕으로 봉사를 실천한다.

문제 해결 챗봇 만들기

- 학년: 6학년

- 사회정서학습: 영역 (주: ⊙, 부: ○)

자기 인식	자기 관리	사회적 인식	관계 기술	책임 있는 의사 결정
			○	⊙

- 사회정서학습(하위 기술)이 필요한 교실 상황

하위 기술	개인 사회적 문제 해결책 찾기
하위 기술이 필요한 교실 상황	학생들은 집, 학급, 그리고 지역사회에서 발생하는 다양한 문제를 마주할 때, 이를 해결하기 위한 체계적인 접근 방법을 떠올리지 못하는 경우가 많다. 예를 들어, 친구와의 갈등이 반복되거나 학급에서 규칙이 지켜지지 않는 상황을 맞닥뜨리면, 이를 효과적으로 해결하기 위한 단계를 계획하거나 실행하지 못하는 모습을 보이곤 한다. 또한, 문제를 함께 해결할 사람을 찾는 데 어려움을 겪기도 한다. 이 활동은 학생들이 문제를 정의하고 분석하며, 해결책을 설계하는 과정을 통해 책임 있는 의사 결정 능력을 기를 수 있도록 돕는다. 학생들은 직접 챗봇을 설계하고 제작하는 과정을 통해 문제 해결 능력을 창의적으로 표현하고, 이를 바탕으로 자신 또는 학급의 문제를 해결할 방법을 탐구한다. 챗봇과의 대화를 통해 문제 해결의 단계를 자연스럽게 익히며, 구체적인 해결 방법을 적용해 볼 수 있다. 이 과정에서 협력의 중요성을 깨닫고, 논리적 사고를 활용하여 보다 나은 해결책을 도출할 수 있는 경험을 쌓는다. 이를 통해 사회적 책임감과 공동체 의식을 키우며, 문제 해결에 능동적으로 참여하는 태도를 함양한다.

● 활동 설명

1. 집, 학급, 및 사회적 문제 정하기

교사는 학생들에게 집, 학급 또는 지역사회에서 발생할 수 있는 다양한 문제를 생각해 보게 한다. 예를 들어 '가족 간 갈등 해결', '학급 쓰레기 문제', '지역사회 안전 문제'와 같은 구체적인 주제를 제안하며 논의할 수 있다. 각 모둠은 관심 있는 문제를 하나 선택하고, 그 문제의 원인과 해결 방안을 논의한다. 선택한 문제는 이후 챗봇이 해결해야 할 주요 과제로 삼는다.

2. 챗봇의 역할과 프롬프트 작성하기

학생들은 선정된 문제를 해결하기 위한 챗봇의 역할과 성격을 구체화한다. 예를 들어, 학급 내 갈등 해결을 다루는 챗봇의 역할은 '공감을 제공하고, 구체적인 해결책을 제안하는 상담사'로 설정할 수 있다. 또한, '따뜻하고 친절한 상담사', '재미있고 유머러스한 친구' 등 문제를 해결하기 위한 성격도 설정할 수 있다.

3. 챗봇 제작하기

설계한 프롬프트를 바탕으로 학생들은 챗봇 제작 도구인 뤼튼을 사용해 챗봇을 제작한다. 학생들은 각자 역할을 나누어 질문과 답변을 입력하고, 챗봇이 적절히 작동하는지 테스트한다. 챗봇이 예상대로 반응하지 않거나 대화 흐름이 부자연스러울 경우, 문제를 수정하며 완성도를 높인다. 이 과정에서 협력하며 문제 해결의 단계를 구체화하고, 챗봇이 문제 상황에 맞게 반응하도록 지속적으로 수정한다.

4. 결과 발표 및 공유

자신들이 제작한 챗봇을 발표하며, 챗봇의 기능과 해결할 수 있는 문제를 설명한다. 챗봇의 역할, 사용자가 입력할 수 있는 예시 질문, 그리고 제공되는 답변의 예를 발표할 수 있다. 발표 후에는 학급 친구들과 피드백을 나누고, 발표

된 챗봇 중 가장 창의적이거나 유용한 아이디어를 함께 선정하며 활동을 마무리한다.

● 활동 사진

● 활동 시 주의사항

1. 디지털 도구 사용(뤼튼)과 관련해 사전에 보호자 동의를 구하고, 활동 내용과 목적을 설명한다.
2. 수업 전 디지털 윤리와 개인 정보 보호에 대한 기본 교육을 실시한다.
3. 학생들이 작성하는 챗봇의 질문과 답변이 윤리적이고 긍정적인 방향으로 구성되도록 지도한다.
4. 활동이 끝난 후, 학생들이 제작한 챗봇에서 얻은 해결책이나 교훈을 실제

생활에 적용할 수 있는 기회를 마련한다.

● 관련 성취기준

학년군	과목	성취기준
1~2학년군	통합	[2바03-04] 공동체 속에서 지속가능성을 위한 삶의 방식을 찾아 실천한다.
3~4학년군	사회	[4사09-01] 생활 주변에서 찾을 수 있는 여러 가지 문제를 파악하고, 그 문제를 합리적으로 해결하는 능력을 기른다.
5~6학년군	사회	[6사12-02] 지구촌을 위협하는 다양한 문제들을 파악하고, 지속가능한 미래를 위한 해결 방안을 탐색한다.
	실과	[6실05-03] 실생활의 문제를 해결하는 프로그램을 협력하여 작성하고, 산출물을 타인과 공유한다.

SNS 폭력을 예방하는 다짐

● 학년: 5~6학년

● 사회정서학습: 영역 (주: ⊙, 부: ○)

자기 인식	자기 관리	사회적 인식	관계 기술	책임 있는 의사 결정
				⊙

● 사회정서학습(하위 기술)이 필요한 교실 상황

하위 기술	개인, 대인 관계, 지역사회 및 제도적 영향 평가
하위 기술이 필요한 교실 상황	최근 SNS의 발달로 인해 SNS를 통한 학교폭력이 점차 증가하고 있다. 특히 학생들이 자주 사용하는 메신저 앱은 편의성으로 인해 너무 쉽게 상대방을 욕하거나, 이상한 사진이나 동영상을 전송하고, 집단으로 소수를 초대해서 괴롭히는 등의 문제가 생긴다. 이 활동은 실제 학교에서 벌어질 수 있는 상황을 가정하고, 대화 안에서 문제점을 찾고 어떻게 하면 긍정적으로 SNS를 사용할 수 있을지 알아보는 활동이다.

● 활동 설명

1. 딜레마 상황 알아보기

SNS 폭력은 다른 폭력과 마찬가지로 주어진 상황에서의 선택(의사 결정)으로 인해 책임을 지는 문제가 생긴다. 예를 들어 한 친구를 단톡방으로 초대해서 오늘 있었던 문제에 대해서 사과받자고 말했을 때, 선택의 갈림길에서 어떤 결정을 하는지에 따라서 책임이 달라질 수 있기 때문이다. 그래서 이런 딜레마 상황을 간접적으로 경험하기 위해 트롤리 딜레마나 자율주행차 딜레마를 통해 딜레마 상황에서의 선택이 어떤 결과를 불러일으키는지를 배우면 효과적이다. 이때 전제 조건은 자동차(기차)는 멈출 수 없고, 누구를 살리든 어떤 선택이든 해야 한다는 것이다. 그리고 트롤리 딜레마나 자율주행차 딜레마 사진을 보고 나라면 어떤 선택을 할지 모둠별로 나눈다.

　대화를 다 마치고 난 뒤, 각 모둠별로 이야기한 내용을 발표한다. 그리고 선택한 것에 어떤 책임이 따를지도 같이 이야기한다. 이 상황에서 선택과 책임에 대해 더 심도 있게 나누고 싶다면 다음 에피소드를 안내하는 것도 좋다. 실제로 한 중학교에서 이 활동을 했을 때, '선택의 책임을 지기 싫어서 아무런 선택을 하지 않겠다.'라고 말한 학생이 있다고 말해 준다면 선택에는 책임이 따른다는 점을 자연스럽게 설명할 수 있다.(이 부분은 학생들의 생각을 과도하게 한쪽으로 치우치게 할 수 있으므로, 상황에 맞게 사용한다.)

자율주행차, 불가항력적인 상황에서 누구를 우선시 해야 하나[3]

Case 1	Case 2	Case 3
다수의 횡단보도 보행자 또는 한 사람의 통행인	한 사람의 횡단보도 보행자 또는 자율주행차 탑승자	다수의 횡단보도 보행자 또는 자율주행차 탑승자

자료: 사이언스 '자율주행차의 사회적 딜레마'

3　보행자냐 탑승자냐.. '자율주행차 딜레마' 논란 재점화(2016. 10. 17.)
　https://www.fnnews.com/news/201610161733032146

2. 대화 안에서 문제점 찾기

SNS 폭력의 문제점에 대해서 이야기를 나눈 뒤, 주어진 학습지의 대화 속에서 문제점을 찾는다.

3. 긍정적으로 SNS를 사용하는 방법 생각하기

SNS를 올바르게 사용하는 방법을 생각해서 적는다. 구체적으로 본인이 지킬 수 있는 활동을 적도록 안내한다.

● 활동 사진

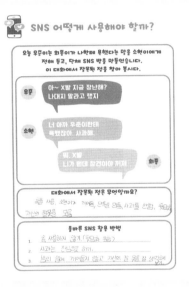 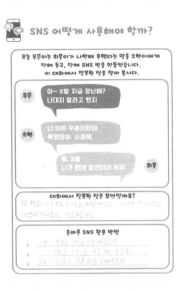

● 활동 시 주의사항

1. 트롤리 딜레마나 자율주행차 딜레마 상황에서 사람을 살리는 선택을 할 때, 생명을 존중하는 의미로 1명을 죽인다는 개념보다는 5명을 살린다는 개념으로 말할 수 있도록 지도한다.

2. 이 활동은 1명을 살리는 측과 10명을 살리는 측의 대결(토론) 구도가 아닌,

서로의 생각을 공유하고 나라면 어떻게 할지 나누는 소통의 장임을 안내한다. 그래서 모둠별로 이야기할 때 서로를 설득할 필요 없이, 이야기하는 도중에 독특하거나 흥미로운 의견이 있다면 발표해 달라고 안내한다.

● 관련 성취기준

학년군	과목	성취기준
1~2학년군	통합	[2바03-04] 공동체 속에서 지속가능성을 위한 삶의 방식을 찾아 실천한다.
3~4학년군	도덕	[4도01-04] 다른 사람의 관점을 수용할 수 있는지를 도덕적으로 검토하고 도덕규범을 내면화하여 도덕적으로 행동할 수 있는 자세를 기른다.
5~6학년군	도덕	[6도04-02] 지속가능한 삶의 의미를 탐구하고 미래 세대에 대한 책임을 강화하여 자연의 다양성을 존중하고 생산성을 유지할 수 있는 미래를 위한 실천 방안을 찾는다.

우리 반 수신호

● 학년: 4~6학년

● 사회정서학습: 영역 (주: ⊙, 부: ○)

자기 인식	자기 관리	사회적 인식	관계 기술	책임 있는 의사 결정
○				⊙

● 사회정서학습(하위 기술)이 필요한 교실 상황

하위 기술	자신의 행동을 선택하고 결정하기
하위 기술이 필요한 교실 상황	학생들은 매 순간 주어진 상황에서 어떤 말을 할지, 어떤 행동을 할지 결정한다. 그런데 교실에서는 직접 말로 옮기기 민망한 상황이나 용기가 필요한 상황이 자주 발생한다. 그런 말을 용감하게 꺼낼 수 있는 학생도 있지만 그렇지 못한 학생도 적지 않다. 이를 위해 학급의 특별한 수신호를 몇 가지 정해 둔다면 효과적인 의사소통을 하는 데 도움이 된다. 또한 꼭 민망한 상황이 아니더라도 정해진 수신호를 따라 의사를 전달했을 때 격해지는 감정을 잠재울 수 있다는 장점도 있다.

● 활동 설명

* 활동에 앞서 교사가 공감의 필요성에 대해 몰입감 있게 지도할 때, 그 효과가 극대화된다.

1. 수신호가 필요한 상황 떠올리기

가장 먼저 해야 할 일은 수신호가 필요한 상황을 학생들과 함께 떠올리는 것이다. 학생들이 의견을 종이에 써서 제출해도 좋고 토의 형식을 빌려 브레인스토밍하는 방법도 좋다. 학생들의 의견 중 괜찮은 의견을 추릴 때는 다수결이 아니라 교사의 주도로 결정해야 한다. 가장 좋은 예시는 '수업 시간에 화장실을 가고 싶을 때'이다. 수업 중 화장실에 가고 싶다고 손을 들고 말해야 하는 상황은 친구들의 시선이 집중되기 때문에 어떤 학생에게는 부담이 될 수 있다. 뿐만 아니라 수업 중인 상황에서 교사의 수업 흐름에 방해가 되기도 한다. 이를 위해 서로 말을 하지 않고도 수신호만으로 교사와 간단히 소통 후, 화장실에 스스로 다녀올 수 있도록 하는 것이다. 또 다른 예시로는 '친구가 더 이상 장난치지 않기를 바라거나 친구가 놀리는 상황이 유쾌하지 않을 때'의 수신호다. 그 마음을 직접 전하기 어려워서 눈물부터 보이는 학생들이 있는가 하면 지나치게 감정적으로 대응하면서 서로에게 더 큰 상처를 남기는 말을 하게 되는 경우가 많다. 그래서 장난칠 수 있는 범위에 대한 경고를 수신호로 하면서 그 순간의 감정으로부터 한 걸음 멀어져서 대응할 수 있다.

* 학생들이 '우리 학급만의 수신호가 필요한 상황'에 대해 구체적으로 이해하지 못하고 의견을 내는 경우가 많다. 너무 지엽적이고 구체적인 상황이거나 교실에서 자주 일어나지 않는 상황에 대해서는 수신호를 만들지 않는 편이 좋다. 또한, 아주 중요한 순간이나 위험한 상황에 대한 수신호는 실효성이 떨어진다. 학생들이 좋은 의견을 많이 낸 경우라면 최대 3개까지의 수신호만 만들어야 한다. 정해 둔 바가 많으면 집중력이 떨어지게 된다. 또한 학생들도 자주 사용하지 않게 되기 때문에 만든 수신호를 사용한 사람이 오히려 민망한 상황이 벌어진다.

** 보건실에 가는 것을 수신호로 만들자는 의견은 항상 나오지만 선생님과의 소통이 필수적인 상황이기 때문에 이 상황은 수신호로 만들지 않는 것이 좋다. 말하지 않아도 소통할 수 있는 것이 핵심이라는 점에서 말하는 것이 훨씬 나은 상황을 수신호로 만들지 않아야 한다.

2. 상황에 맞는 수신호 정하기

상황을 함께 결정했다면 그 상황에 어울리는 수신호를 만들어야 한다. 이때 주의할 점은 수신호는 일방적이지 않아야 한다는 점이다. 내 의사를 전달한 것으로 끝나게 되면 수신호의 소통에 문제가 생긴다. 따라서 상대방의 대답까지 수신호로 정해 놓아야 한다. 앞서 설명한 '수업 시간에 화장실을 가고 싶을 때'를 예로 들면 전화를 거는 수신호를 설정할 수 있다. 하지만 학생이 전화를 거는 수신호를 보낸 다음 바로 화장실에 가게 되면 선생님이 못 보는 상황이 생길 수 있다. 학생은 선생님이 전화를 받아 주는 수신호가 있어야 화장실에 다녀올 수 있는 것이다. '친구가 더 이상 장난치지 않기를 바라거나 친구가 놀리는 상황이 유쾌하지 않을 때'의 수신호의 경우, 나의 공간을 침범했다는 표시의 수신호로 결정할 수 있다. 어떤 학생이 장난을 걸어오는 학생을 상대로 이 수신호를 보냈다면 수신호를 받은 학생도 너의 심리적 공간을 침범하지 않겠다는 표시로 같은 수신호를 보내야 한다. 만약 수신호를 무시했다면 함께 만든 규칙을 어긴 셈이므로 선생님의 지도가 필요한 상황으로 이어질 것이고 학생도 이를 쉽게 받아들일 수 있다.

3. 연습하기

수신호를 성공적으로 만들었다면 학급에서 합의한 수신호를 연습하는 과정을 거쳐야 한다. 이 과정이 없으면 학생들은 만들어 놓은 수신호를 금세 잊어버리거나 그 수신호를 하는 것을 민망해한다. 역할극을 통해 연습하는 방법도 좋고 자리에 앉은 채로 동작을 함께 따라해 보는 방식도 좋다. 다만 만든 수신호가 학급 내에 빠르게 정착할 수 있도록 선생님이 자주 사용하면서 선례를 만들어 나간다면 더욱 효율적일 수 있다.

● 활동 사진

수업 중 화장실을 가고 싶을 때

그만하라고 말하고 싶을 때

● 활동 시 주의사항

1. 수업 중 보건실에 가야 한다는 내용은 수신호로 만들지 않는 편이 좋다.
2. 수신호의 효용성을 고려하여 1개 또는 2개가 적당하며 너무 많이 만들지 않아야 한다.
3. 수신호를 만들 때는 쌍방향적 수신호를 고려하여 결정한다.

● 관련 성취기준

학년군	과목	성취기준
1~2학년군	통합	[2바04-04] 지금까지의 생활 습관과 학습 습관을 되돌아본다.
3~4학년군	도덕	[4도04-01] 성실한 생활의 모범 사례를 탐색하고 시간 관리를 위한 생활을 계획하여 지속적인 자기 성장을 모색한다.
5~6학년군	국어	[6국01-06] 토의에 협력적으로 참여하며 서로의 의견을 비교하고 조정한다.
	도덕	[6도03-02] 정의에 관한 관심을 토대로 공동체 규칙의 중요성을 살펴보고 직접 공정한 규칙을 고안하며 기초적인 시민의식을 기른다.

Chapter

03

SEL로 달라진 교실

SEL(사회정서학습)과 학생의 성장

✎

　교사가 사회정서학습 수업을 하고 싶은 가장 큰 이유는 사회정서학습 활동을 통한 학생의 성장과 더불어 원활한 학급 운영을 하기 위함입니다. 교사의 일방적인 훈육이나 지기가 아니라, 활동을 통해 자신을 인식하고 관리하는 법과 타인에 대해 관심을 가지며 관계를 형성하고 문제를 해결하는 법을 배우면서 자연스럽게 사회정서를 익히게 됩니다. 그리고 나를 넘어 타인, 그리고 집단의 문제를 관리하고 해결하면서 미래 사회에 필요한 역량을 가지게 됩니다. 하지만 교사들은 지금까지의 교육과 다른 사회정서학습의 교육적 효과에 대해서 의구심을 가지기도 합니다. '감정을 가르친다고 감정 조절이 될까?', '다른 사람과 대화하는 법을 가르친다고 실제로 욕이 줄어들까?' 등 정서적인 면을 어떻게 학습시켜야 하는지 고민합니다. 하지만 사회정서학습을 교실에 적용한다고 갑자기 욕이 줄어들고, 갈등이 드라마틱하게 없어지는 일은 많지 않습니다. 그리고 괜히 이 활동을 통해 갈등만 더 만들어 내는 것이 아닐까 걱정합니다. 서두에 설명한 것처럼 사회정서학습은 드라마틱한 변화를 위한 방법이 아니라는 것을 꼭 기억해야 합니다. 사회정서학습은 활동을 통해 자연스럽게 체득하는 과정에서 가랑비가 스며들 듯 천천히 학생들에게 내면화됩니다. 그리고 시간이 지나면 언제 이렇게 변했지? 라고, 반문할 정도로 성장해 있는 학생을 만납니다. 사회정서학습은 학생을 어떻게 성장시킬까요?

　첫째, 활동을 통해 자연스럽게 배우게 되어 효과적입니다. 단순히 지식을 전달하고 나누는 수업이 아닌, 사회정서학습 수업은 색다른 느낌의 수업이 가능해집니다. 학생에게 감정의 중요성을 이야기하고 '감정'에 대한 수업을 했더니, 쉬는 시간에도 그 활동을 하는 것을 보면서 흥미로웠습니다. 평소 감정 표현 능력이 부족했던 학생도 친구와 활동으로 배우다 보니, 쭈뼛쭈뼛하면서도 조금씩이라도 표현하려는 모습이 보기 좋았습니다. 그리고 명시적인 활동(수업의 일환)으로 진행하다 보니 다른 학생도 그 학생의 어색한 반응에 장난스럽게 반응하지 않고, 조금 더 진지한 느낌으로 접근하는 경향이 있어서 효과적이었습니다.

둘째, 갈등을 스스로 해결하려는 경향이 생겨 교사의 학급 운영이 수월해집니다. 초등학교 저학년은 학생 성향에 따라 민감한 학생이 다른 학생의 잘못을 이르러 오는 경우가 많습니다. 그래서 쉬는 시간마다 반복된 민원 아닌 민원을 처리하며 피곤하고 지치는 일이 많았습니다. 하지만 갈등이 생겼을 때 스스로 해결하는 방법을 사회정서학습으로 가르친 뒤, 교사가 갈등을 직접 조정해 주는 일이 줄어들었습니다. 교사에게 이르러 오기 전에 가르친 방법대로 갈등을 해결하고, 관계를 회복하는 것을 보면서 저학년도 충분히 할 수 있다는 것을 알게 되었습니다.

셋째, 작은 성취를 통해 자존감이 향상되어 긍정적인 분위기가 형성됩니다. 학급에 자존감이 부족한 학생이 많았는데, 사회정서학습을 통해 작은 목표를 세우고 달성하는 연습을 하면서 긍정적인 변화가 생겼습니다. 스스로 실천할 수 있는 (작은) 목표를 세우고, 이를 수행하는 과정에서 칭찬 샤워 같은 서로를 격려하는 활동을 했습니다. 이 과정에서 자신감과 성취감을 얻게 되니, 학급 전체의 분위기도 부드럽게 만들었습니다. 학급 분위기가 좋아지니 심했던 욕도 줄어들게 되고, 서로를 비난하는 일도 줄어들었습니다.

넷째, 자기 이야기를 많이 하다 보니 자기표현력이 좋아집니다. 사회정서학습 활동을 하면서 감사를 표현하는 말하기나 감정을 표현하는 활동을 많이 했습니다. 학생은 자기 자신을 표현하고 말하고 싶은 욕구가 많은데, 이 과정을 통해 그 욕구가 충족되었다고 봅니다. 특별한 시간이 아닌, 수업을 통해 자연스럽게 나를 표현하는 것도 좋은 기회였습니다. 그리고 자기 이야기를 하는 것을 넘어, 차츰 다른 사람의 이야기도 듣게 되고 자연스럽게 공감하는 법도 배우게 되었습니다. 특히 정서적으로 다른 친구들보다 느린 학생이 있었는데, 사회정서학습 활동을 통해 자기표현 기회가 늘면서 다른 사람과 소통하는 능력이 부쩍 좋아진 것을 느꼈습니다. 자기표현이 많은 사회정서학습 특성이 학생의 표현력 향상에 도움을 주었습니다.

다섯째, 집단의 문제를 합리적으로 해결할 수 있습니다. 책임 있는 의사 결정의 하위 기술인 주변의 사회 문제에 관심을 가지기 위해 학급 회의를 했습니다. 1학년임에도 불구하고 학급의 문제를 적극적이고 객관적으로 바라보고 있어 놀랐습니다. 그리고 학급 회의에서 결정된 것을 스스로 지키는 것을 보고, 교사가 100번 잔소리하는 것보다 스스로 결정한 해결책을 지키도록 안내하는 것이 더 효과적이라는 생각이 들었습니다. 그리고 교사가 학생의 해결책에 신뢰를 갖고 도와주니, 더욱더 책임감을 가지는 모습을 보였습니다.

이렇듯 사회정서학습은 활동을 통해 학급의 작은 변화를 일으킬 수 있습니다. 그리고 그 변화는 집단의 힘이 되어 집단을 긍정적으로 변화시키는 원동력이 됩니다. 더불어 사회정서학습이 더욱 효과적으로 힘을 발휘하기 위해서는 교사가 그 활동을 이끌어 가는 촉진자적 역할이 중요합니다. 활동을 시작하기에 앞서 무엇을 배울 수 있고 그 활동으로 어떤 성장이 있을 것임을 안내해야 합니다. 이번 수업 시간에 배울 내용을 명시적으로 안내함으로써 학생이 익힐 내용을 인식하게 해야 합니다. 그리고 활동 중간중간에도 수업 목표와 관련이 없는 말이나 행동을 하는 학생에게 적절한 훈육을 하고, 그 말과 행동이 수업에 자연스럽게 녹아들 수 있도록 활동을 촉진해야 합니다. 마지막으로 수업이 끝난 뒤, 수업을 통해 무엇을 배웠는지 나누고 그로 인해 달라질 나와 집단의 모습을 함께 약속하는 마무리 활동도 필요합니다. 사회정서학습은 활동을 통해서 배운다는 점에서 활동만 하고 마무리되는 경우가 있을 수 있는데, 활동 전과 후에 꼭 활동을 통해 배울 점과 배운 점을 함께 나누면서 효과성을 높여야 합니다.

사회정서학습을 적용한 수업 시 주의사항

　활동을 통해 학생의 사회정서를 발달시키는 목적으로 사회정서학습은 긍정적인 부분만 있는 것은 아닙니다. 모두에게 좋은 활동이라도 한 학생에게는 맞지 않는 경우도 있고, 한 학생의 문제(욕을 하는 문제)를 해결하기 위해 활동을 했지만 그 학생에게는 효과가 전혀 없는 일도 있습니다. 예를 들어 그림책으로 욕에 관련된 활동을 하더라도 누군가는 '욕을 하지 말아야지.'라고 생각하겠지만, 누군가에게는 오히려 '욕으로 상대방을 기분 나쁘게 할 수 있구나.'라고 생각해 욕을 하도록 부적 강화가 일어나기도 합니다. 그리고 사회정서학습을 수업에 적용하기 위해 교육과정 재구성을 해 보지만, 교육과정과 연계된 수업이 아닌 끼어다 맞춘 듯한 느낌이 들기도 하는 등 사회정서학습을 실제로 수업에 적용하려면 많은 노력과 주의할 점이 필요합니다.

　첫째, 수업의 의도와 실제 결과가 다를 수 있음을 알아야 합니다. 자기 관리와 책임 있는 의사 결정 영역을 배우기 위해 일과 중에 자주 생기는 상황을 알리는 수신호를 약속하는 수업을 계획했습니다. 원래의 의도는 수업을 방해하는 행위인 "화장실 가도 돼요?"라는 질문을 줄이고, 화가 났을 때 화가 났음을 표현하는 수신호를 약속해 자기 조절과 문제 해결력을 가르치는 것이 목표였습니다. 수업 중에 화장실을 가고 싶은 수신호는 원래 의도대로 잘 사용되어 수업에 도움을 많이 주었습니다. 학급이 모두 같은 수신호를 사용함으로 인해 소속감도 느낄 수 있어 효과적이었지만, 화가 났을 때 '나를 건드리지 마.'라는 수신호는 의도대로 사용되지 못한 면이 있었습니다. 감정을 주체 못해 수신호를 잊어버리기도 했고, 수신호를 함에도 다른 학생이 그 수신호를 무시해서 갈등이 생기기도 했습니다. 그래서 원래의 의도대로 학생들이 변화하지 않을 거라는 생각도 필요합니다.

둘째, 꼭 한 활동을 특정 영역의 하위 기술을 가르치기 위해 사용한다고 생각하지 말아야 합니다. 자기 관리의 감정 관리 영역을 배우기 위한 활동을 하면서도 감정을 알아차리는 감정 인식 영역을 배울 수 있고, 스트레스 관리를 배울 수도 있습니다. 즉, 특정 기술을 배우기 위해 이 활동을 한다기보다, 이 활동을 왜(Why) 하는지 먼저 고민하는 것이 필요합니다. 예를 들어 학생들이 사소한 다툼도 해결하지 않고 선생님에게 이르는 일이 잦다면, 이 활동을 왜 하는지 먼저 생각해 봐야 합니다. 이 활동을 하는 이유는 교사가 편하고자 함이 아니라, 학생들의 문제 해결력(Why)을 키우는 활동이라는 것을 알아야 합니다. 그래서 이 활동을 어떻게(How) 구성하고, 그로 인해 학생들이 무엇(What)을 얻을지 미리 계획한 뒤 활동을 시작해야 합니다.

셋째, 자기표현력이 부족한 학생에 대한 배려도 필요합니다. MBTI의 E와 I처럼, 학생들도 자기표현을 좋아하는 학생과 부담스러워하는 학생이 있습니다. 이는 기질적인 문제로 주변 상황과 훈육 방식에 따라 달라질 수 있지만, 쉽게 바뀌기 어렵습니다. 사회정서학습의 많은 활동은 자기표현(감정 표현, 해결책 말하기 등)이 중요하다 보니, 자기 이야기를 하기 좋아하는 학생은 수업 시간이 기다려지겠지만 반대인 학생은 수업 자체가 고역일 수도 있습니다. 종종 선택적 함구증(학교에서만 말을 하지 않는)인 학생도 있고, 자기 이야기를 하는 데(친해지는 데) 오랜 시간이 걸리는 학생도 있습니다. 그래서 학생 개개인의 차이를 존중하기 위해, 자기표현을 부담스러워하는 학생을 기다려 주는 인내심이 필요합니다. 자기표현을 위해 노력하는 학생을 기다리면서, 아기가 걸음마를 걷는 것 같은 작은 변화에 격려한다면 자존감 형성에 큰 도움을 줄 수 있습니다.

넷째, 학생의 솔직한 반응을 위해 교사의 적절한 발문과 안내가 필요합니다. 몇몇 눈치가 빠르고 선생님에게 잘 보이고 싶은 욕구가 강한 학생의 경우, 교사가 수업의 목표를 말하지도 않았음에도 정답을 알아차리고 외치는 경우가 있습니다. 실제로 실패에 대해 가르치기 위해 실패에 대한 교훈이 담긴 책으로 수업을 구성했더니, 책을 끝까지 읽기도 전에 "실패는 좋은 거예요.", "실패해도 괜찮아요."라고 말하면서, 솔직한 마음보다 칭찬받기 위해 정답만을 말하는 학생도 있었습니다. 우리가 사회정서학습을 통해 가르치고 싶은 것은 사회정서가 내면화되어 학생의 삶에 의미 있는 변화를 만들기 위함이라는 것을 기억하고, 솔직한 내면의 표현을 이끌어 내기 위해 교사의 안내가 필요합니다. "실패했을 때 어떤 기분이었니?", "너라면 어떻게 할거야?" 등 학생이 실패에서 벗어나는 방법을 스스로 생각하는 과정을 제공해야 합니다.

다섯째, 꼭 모든 과목의 성취기준과 연관 짓는다고 생각하지 않아도 됩니다. 기본적으로 사회정서학습 수업의 특성상, 도덕적인 면을 배우고, 글을 쓰거나, 그림을 그리는 등 도덕, 국어, 사회, 통합 등의 과목의 성취기준과 연관성을 찾기 쉽습니다. 그래서 수업을 재구성할 때도 이 과목의 성취기준을 중심으로 사회정서학습의 영역을 연관지어 준비하면 효과적입니다. 하지만 국어, 사회, 도덕 중에서도 사회정서학습과 전혀 관련이 없는 성취기준이 있을 수 있고, 특히 수학 같은 과목은 사회정서학습과 연관성을 찾기 어려울 수도 있습니다. 그래서 효과적인 사회정서학습 수업을 위해서는 수업의 목표를 중심으로 여러 과목의 관련 성취기준을 찾아 재구성하려는 노력이 필요합니다.

수업에 왕도가 없듯이 사회정서학습도 모든 상황이나 대상에게 효과적이지 않습니다. 특히 자기표현을 극도로 싫어하는 학생이 있거나, 늘어난 교육 활동 침해 등으로 인해 현실적인 적용에 어려움을 겪을 수도 있습니다. 그래서 사회정서학습을 도입하기에 앞서 교사가 왜 사회정서학습을 도입하는지에 대한 마음가짐이 필요합니다. 먼저, 눈앞의 학급의 문제를 해결하기 위해 도입하기보다, 문제를 예방하고 학생의 사회정서 함양으로 전인적인 성장을 목표로 해야 합니다. 또한, 사회정서 학습의 활동을 한다는 생각보다, 이 활동으로 어떤 목표를 달성할지 명확히 해야 합니다. 교사의 마음가짐과 더불어 학생에게 이 수업을 왜 하는지, 그리고 구체적으로 어떤 수업을 할 것인지, 그로 인해 무엇을 얻을 것인지 명시적으로 안내해야 합니다. 그래야 사회정서학습에 대한 반감을 줄이고, 학생 스스로도 이 수업을 통해 무엇을 배울지 확인할 수 있기 때문입니다. 마지막으로 사회정서학습은 실제 활동 과정에서 자연스럽게 배움이 일어나므로 지속적으로 적용해야 합니다. 학생의 성장을 위해서는 교사의 일관성과 과정에 대한 믿음이 중요합니다.

사회정서학습이 학교 수업에 정착하는 데 필요한 점

　지금까지는 사회정서학습 적용을 위한 교사의 관점(좋은 점, 주의할 점)을 알아봤습니다. 하지만 사회정서학습이 제대로 효과를 보이기 위해서는 교사의 노력과 더불어 가정(학부모, 학생)과 학교, 사회적 도움이 필요합니다. 학생의 사회정서학습은 비단 그 학생의 성장만이 아니라, 가정과 학급 크게는 사회 전체의 정서적 능력이 올라감으로 인해 안전하고 존중받는 사회가 만들어지기 때문입니다.

　첫째, 가정(학부모)의 사회정서학습에 대한 인식이 변해야 합니다. 성적지상주의로 불리는 한국의 교육은 학부모가 자녀가 친구들과 잘 지내지 못해도 성적만 좋으면 괜찮다고 생각하도록 만들고 있습니다. 하지만 다른 쪽에서는 과도하게 방임하여 자녀가 타인과 관계를 형성하는 방법을 배우는 기회 자체를 주지 않아, 일명 금쪽이가 되어 가기도 합니다. 심지어 최근 교권 침해 증가와 맞물려 학부모와의 소통이 점점 더 어려운 일이 되다 보니, 교사의 사기 또한 저하되고 있습니다. 그래서 굳이 긁어 부스럼이 될 것 같은 활동보다, 안정성만 추구하게 됩니다. 하지만 최근 일어나는 감정이 결여된 듯한 범죄나 분노를 참지 못해 일어나는 사건들을 볼 때, 안전하고 행복한 사회를 만들기 위해서는 사회정서학습이 너무나 중요함을 다시금 알게 됩니다. 그래서 사회가 메말라 갈수록 정서적인 면이 점차 중요해져 사회정서학습에 대한 필요성이 대두되고 있습니다. 학생의 행복한 삶을 위해서는 가정(학부모)의 인식 변화가 필요합니다. 왜냐하면 사회정서학습을 통한 학생 성장을 위해서는 학부모와의 협력이 꼭 필요하기 때문입니다. 특히 자기 이야기를 많이 하고 감정적인 부분을 학습하는 사회정서학습 수업 방법에 대한 공감대가 형성되고 신뢰를 보내 주어야, 교사가 안정감을 갖고 지속적으로 활동할 수 있습니다.

둘째, 교육의 연계성을 위해 학교 전체의 공감대 형성이 필요합니다. 사회정서학습의 활동은 학생이 자주 접하기 어려운 활동이다 보니, 낯설게 느끼는 경우가 있습니다. 그래서 1년 동안 열심히 가르쳐서 이제는 좀 익숙해졌다고 생각하지만, 다음 학년에 올라가 연계되지 못해 1년간의 노력의 효과성이 떨어지기도 합니다. 그래서 장기적인 안목으로 사회정서학습을 효과적으로 학습하기 위해서는 학교나 학년 차원에서 공동의 목표로 설정하는 노력이 필요합니다. 실제로 사회정서학습은 사회정서 부족으로 인해 많은 문제가 생긴 미국 공립학교를 지원하기 위해 개발된 프로그램이므로, 학교의 장기적 비전으로 진행했을 때 가장 효과적입니다. 실제로 한국교육개발원(KEDI)에서 연구한 결과[4]에 따르면, 학생 개인의 사회정서역량이 높을수록 학업 성취가 높고, 다양한 사회적 경험을 하며, 관계 형성에도 영향을 미치는 것으로 드러났습니다. 그래서 학교 차원에서 사회정서학습을 공통의 목표로 삼는다면, 최근 점차 심해지는 기초학력 부족과 학교폭력 증가 등의 문제 해결에 도움을 줄 것입니다.

셋째, 사회정서에서 핵심인 감정 표현과 공감에 대한 사회적 변화가 필요합니다. 현재까지 우리나라는 감정을 자주 표현하는 사람들에게 부정적으로 평가하는 경우가 많았습니다. 그래서 감정 표현 기회가 줄어들게 했고, 부정적인 감정을 참고 삭이다 결국 분노로 표출되는 일도 늘어나고 있습니다. 이는 관계 형성에도 악영향을 미쳐 이제는 친구 사귀는 법까지 가르쳐야 하는 시대가 왔다고들 말합니다. 감정 표현의 부족이 모든 현상의 원인은 아니지만, 사회적으로 불편한 감정을 참는 것보다, 건강하게 표현하는 것이 중요하다고 인식할 수 있도록 분위기를 조성해야 합니다. 더불어 사회정서학습이 학생들의 심리 치료와 병행될 수 있도록 지원이 필요합니다. 수업 시간에 집중하지 못하고 분노를 자주 표현하는 학생에게 사회정서학습과 약물 치료가 병행된다면 더욱 좋은 효과

---

4   OECD ESP 사회정서역량 조사국제공동연구(Ⅳ), 김현진 외, 한국교육개발원(2020)

를 거둘 수 있기 때문입니다. 한국정서행동장애학회에서 연구한 논문[5]에서는 정서·행동 장애를 가진 아동에게 사회기술향상 프로그램과 약물 치료를 병행했을 때, 공감 능력과 협동 같은 사회적 기술과 사회적 능력이 유의미하게 향상되었다는 연구 결과가 있습니다. 이를 통해 봤을 때, 점차 심해지는 사회적 문제(묻지마 폭행, 분노조절 장애 등)를 장기적으로 해결하기 위해서는 약물 치료와 사회정서학습의 병행이 필요함을 알 수 있습니다.

이제는 공감도 지능이고 배워야 한다는 말이 어색하지 않은 시대입니다. 기술과 AI의 발전으로 인해 더욱더 인간적인 영역인 사람 간의 소통이 더 중요해지고 있기 때문입니다.[6] 기술의 발전은 오히려 사람이 제일 잘하는 서로 소통하고, 공감하고, 협력하여 함께 살아가는 과정이 중요함을 말하고 있습니다. 이제는 가정, 학교, 사회에서 사회정서를 배우는 과정은 선택이 아닌 필수입니다. 사회정서학습로 공감과 소통으로 하나되는 학급을 만들어, 모두가 행복한 학급이 되기를 바랍니다.

---

5 사회기술향상 프로그램과 약물치료가 정서·행동장애 아동의 사회기술과 문제행동에 미치는 영향, 김선하, 김춘경(2004)

6 AI시대, 인간만이 할 수 있는 소통, 강원일보(2024. 06. 27.) https://m.kwnews.co.kr/page/view/2024082620153841203

참고 문헌

결국 해내는 아이는 정서 지능이 다릅니다(2023), 김소연, 웨일북

교실 속 자존감(2014), 조세핀 김, 비전과 리더십

내 인생의 주인공은 나야 나(2017), 이인희 외 1명, 노란우산

초등학교 교육과정 별책2(2022), 교육부

하버드 집중력 혁명(2015), 에드워드 M, 할로웰 외 1인, 토네이도

하브루타로 교과 수업을 디자인하다(2018), 이성일, 맘에드림

학교 교육으로 튼튼한 마음 가르치기 사회정서학습(2023), 김윤경, 다봄교육

학급긍정훈육법(2014), 제인 넬슨, 린 로트 외 1명, 정유진, 김성환 외 1명 옮김, 에듀니티

학생들의 성공적 삶과 사회정서 학습(2021), Nancy Frey 외 2명, 안찬성 옮김, 밥북

우리반 금쪽이를 위한 사회정서학습

초판발행	2025년 2월 28일
지은이	신건철·김익한·김지원·김한터·임지현·조수민·최유진
펴낸이	노 현
편 집	배근하·김용순
기획/마케팅	허승훈
표지디자인	Ben Story
제 작	고철민·김원표
펴낸곳	㈜피와이메이트
	서울특별시 금천구 가산디지털2로 53, 210호(가산동, 한라시그마밸리)
	등록 2014. 2. 12. 제2018-000080호
전 화	02)733-6771
f a x	02)736-4818
e-mail	pys@pybook.co.kr
homepage	www.pybook.co.kr
ISBN	979-11-7279-082-0 03300

정 가   17,000원